Aline Vauclair
Spazierengehen macht glücklich
- Geh endlich los! -

AF239808

Spazierengehen macht glücklich

-    Geh endlich los -

Aline Vauclair

Bibliografische Information der Deutschen Nationalbibliothek: Die Deutsche Nationalbibliothek verzeichnet diese Publikation in der Deutschen Nationalbibliografie; detaillierte bibliografische Daten sind im Internet über http://dnb.dnb.de abrufbar.

Verlag: BoD · Books on Demand GmbH, Überseering 33, 22297 Hamburg, bod@bod.de

Druck: Libri Plureos GmbH, Friedensallee 273, 22763 Hamburg

ISBN: 978-3-7693-9778-9

Inhaltsverzeichnis

Einleitung 3

Warum dieses Buch? 3

Die Magie des Spazierengehens 6

Ein kurzer Überblick 9

Teil 1: Die körperlichen Vorteile des Spazierengehens 11

Kapitel 1: Der Körper in Bewegung 11

Was passiert im Körper beim Spazierengehen? 11

Die Rolle der frischen Luft und des Sonnenlichts 14

Kapitel 2: Spazierengehen als Fitnessprogramm 18

Kalorienverbrauch und Gewichtsmanagement 18

Verbesserung von Ausdauer und Kraft 21

Spazierengehen als sanfte Alternative zu intensiven Sportarten .. 25

Kapitel 3: Prävention und Heilung 28

Spazierengehen zur Vorbeugung von Krankheiten 28

Unterstützung bei chronischen Erkrankungen 32

Die heilende Kraft der Natur 36

Teil 2: Spazierengehen für die mentale Gesundheit 42

Kapitel 4: Stressabbau und Entspannung 42

Die beruhigende Wirkung des Spazierengehens 42

Achtsamkeit und Entschleunigung 46

Spazierengehen als Auszeit vom Alltag 50

Kapitel 5: Glücksgefühle und positive Emotionen 52

Die Ausschüttung von Endorphinen – Verbesserung von
Wohlbefinden und Stimmung 52

Spazierengehen als Mittel gegen Depressionen und Angstzustände
.... 54

.... 59

Kapitel 6: Kreativität und Inspiration 60

Spazierengehen als Quelle neuer Ideen 60

Die Verbindung zur Natur als Inspirationsquelle 64

Klarheit und Fokus durch Bewegung 67

Teil 3: Spazierengehen in den Alltag integrieren 71

Kapitel 7: Die richtige Ausrüstung und Vorbereitung 71

Bequeme Schuhe und Kleidung 71

Wichtige Utensilien für unterwegs 78

Sicherheitstipps für Spaziergänge 81

Kapitel 8: Spazierwege und Routen 85

Spaziergänge in der Stadt, im Park und in der Natur 85

Themenwege und geführte Spaziergänge 91

Spazierengehen in verschiedenen Jahreszeiten 95

Kapitel 9: Spazierengehen als soziale Aktivität 99

Spaziergänge mit Freunden und Familie 99

Spaziergruppen und Wandervereine 103

Die Freude an gemeinsamen Erlebnissen 109

Kapitel 10: Tipps und Tricks für mehr Motivation 112

Spazierengehen als tägliche Routine 114

Ziele setzen und Erfolge feiern 120

Spazierengehen als Genuss und Vergnügen 124

Die Essenz zum Spazierengehen: 128

Danke: 130

Studien zum Spazierengehen: 131

Warum dieses Buch?

In einer Welt, die sich immer schneller zu drehen scheint, in der Bildschirme unser Leben dominieren und Stress zum ständigen Begleiter geworden ist, suchen wir nach Wegen, um wieder zu uns selbst zu finden. Wir sehnen uns nach Einfachheit, nach Momenten der Ruhe und nach einem tieferen Verständnis für unser eigenes Wohlbefinden. Genau hier setzt dieses Buch an. Es ist eine Einladung, die heilende Kraft des Spazierengehens neu zu entdecken – eine Aktivität, die so alltäglich und doch so wertvoll sein kann. Vor allen Dingen ist Spazierengehen:

- Kostenlos
- Überall umsetzbar
- Gut für die Seele
- Bei jedem Wetter möglich
- Für Jung und Alt möglich
- Gesund

Eine persönliche Reise

Meine eigene Reise zum Spazierengehen begann schleichend. Anfangs waren es kurze Ausflüge, um dem hektischen Alltag zu entfliehen. Doch mit jedem Schritt spürte ich, wie sich etwas veränderte. Mein Geist wurde klarer, meine Gedanken ruhiger und mein Körper fühlte sich lebendiger an. Sorgen verschwanden teilweise oder wurden weniger wichtig. Für Probleme kamen mir beim Spazierengehen Lösungen in den Kopf. Ich begann, die kleinen Wunder der Natur wahrzunehmen: das Zwitschern der Vögel, das Rascheln der Blätter, den Duft von frisch gemähtem Gras. Spazierengehen wurde zu einem Ritual, einem Moment der Achtsamkeit, in dem ich ganz im Hier und Jetzt ankam.

Wo auch immer ich einen Spaziergang machen kann, mache ich ihn. Ausreden zählen nicht. An der Freude möchte ich Sie teilhaben lassen.

Mehr als nur Bewegung

Dieses Buch ist mehr als nur ein Ratgeber für körperliche Fitness. Es ist eine Hommage an die ganzheitliche Wirkung des Spazierengehens. Es geht darum, die Verbindung zwischen Körper und Geist wiederherzustellen, die in unserer modernen Welt oft verloren geht. Es geht darum, die kleinen Freuden des Lebens zu schätzen und die Schönheit der Natur zu erleben.

Die wissenschaftliche Perspektive

In den folgenden Kapiteln werden wir uns nicht nur auf persönliche Erfahrungen stützen, sondern auch auf wissenschaftliche Erkenntnisse. Wir werden die physiologischen Prozesse beleuchten, die beim Spazierengehen in Gang gesetzt werden: die Ausschüttung von Endorphinen, die Stärkung des Herz-Kreislauf-Systems, die Verbesserung der Durchblutung. Wir werden uns ansehen, wie Spazierengehen Stress reduziert, die Stimmung hebt und die Kreativität fördert.

Ein Buch für alle

Ob Sie ein erfahrener Wanderer sind oder gerade erst Ihre Liebe zum Spazierengehen entdecken, dieses Buch ist für Sie. Es ist für diejenigen, die nach einem einfachen und effektiven Weg suchen, um ihre Gesundheit und ihr Wohlbefinden zu verbessern. Es ist für diejenigen, die dem Alltagsstress entfliehen und neue

Energie tanken möchten. Und es ist für diejenigen, die die Schönheit der Natur in vollen Zügen genießen möchten.

Ein praktischer Leitfaden

Neben den theoretischen Grundlagen bietet dieses Buch auch praktische Tipps und Ratschläge. Wir werden uns mit der richtigen Ausrüstung beschäftigen, verschiedene Spazierwege erkunden und Strategien entwickeln, um das Spazierengehen in den Alltag zu integrieren. Wir werden uns ansehen, wie man Spaziergänge mit Freunden und Familie genießen kann und wie man die Motivation aufrechterhält. Denn der innere Schweinehund kommt manchmal durch und will uns vom Spazierengehen abhalten. Lassen Sie das nicht zu.

Ein Aufruf zur Achtsamkeit

In einer Welt, die von Ablenkungen und Reizüberflutung geprägt ist, lädt dieses Buch dazu ein, achtsamer zu werden. Es ermutigt uns, die kleinen Momente der Freude und Schönheit wahrzunehmen, die uns umgeben. Es erinnert uns daran, dass wir Teil einer größeren Natur sind und dass wir durch die Verbindung mit ihr Heilung und Inspiration finden können.

Ein Geschenk für Sie selbst

Dieses Buch ist ein Geschenk an Sie selbst. Es ist eine Einladung, sich Zeit für sich selbst zu nehmen, sich zu bewegen, zu atmen und die Welt um sich herum zu genießen. Es ist eine Erinnerung daran, dass Glück oft in den einfachsten Dingen des Lebens zu finden ist.

Ein Aufruf zum Handeln

Lassen Sie uns gemeinsam aufbrechen und die heilende Kraft des Spazierengehens entdecken. Lassen Sie uns die Schuhe schnüren, die Tür öffnen und uns auf den Weg machen. Denn jeder Schritt ist ein Schritt zu mehr Gesundheit, Glück und Wohlbefinden.

Die Magie des Spazierengehens

Was macht einen einfachen Spaziergang so besonders? Warum fühlen wir uns danach oft so viel besser, klarer und ausgeglichener? Es ist mehr als nur die Bewegung an der frischen Luft. Es ist eine Art Magie, die beim Spazierengehen entsteht – eine sanfte, aber kraftvolle Transformation, die Körper und Geist gleichermaßen berührt.

Ein Moment der Entschleunigung

In unserer schnelllebigen Welt sind wir ständig von Reizen überflutet. E-Mails, Nachrichten, soziale Medien – alles drängt nach unserer Aufmerksamkeit. Ein Spaziergang ist eine bewusste Auszeit von diesem Lärm. Es ist ein Moment der Entschleunigung, in dem wir uns auf uns selbst und unsere Umgebung konzentrieren können. Jeder Schritt wird zu einer kleinen Meditation, einer Möglichkeit, den Moment vollkommen zu erleben. Das geht am besten, wenn man nicht ständig auf das Handy schaut oder gar telefoniert.

Die Verbindung zur Natur

Die Natur hat eine beruhigende Wirkung auf uns. Das Grün der Bäume, das Zwitschern der Vögel, das Rauschen des Windes – all das sind

Sinneserfahrungen, die uns erden und uns daran erinnern, dass wir Teil eines größeren Ganzen sind. Beim Spazierengehen tauchen wir ein in diese natürliche Umgebung und lassen uns von ihrer Schönheit inspirieren.

Ein Fest für die Sinne

Spazierengehen ist ein Fest für die Sinne. Wir sehen die Farben der Natur, riechen die frische Luft, hören die Geräusche der Umgebung und spüren den Wind auf unserer Haut. Diese Sinneserfahrungen sind nicht nur angenehm, sondern auch wichtig für unser Wohlbefinden. Sie helfen uns, im Hier und Jetzt anzukommen und den Moment bewusst zu erleben.

Die Kraft der Einfachheit

In einer Welt, die oft von Komplexität und Hektik geprägt ist, ist Spazierengehen eine wohltuende Erinnerung an die Kraft der Einfachheit. Es braucht keine teure Ausrüstung oder aufwendige Planung. Nur ein paar bequeme Schuhe und die Bereitschaft, sich auf den Weg zu machen.

Ein Tor zur Kreativität

Viele Schriftsteller, Künstler und Denker haben ihre besten Ideen beim Spazierengehen gehabt. Die rhythmische Bewegung und die inspirierende Umgebung können den Geist befreien und neue Perspektiven eröffnen. Spazierengehen ist wie ein Spaziergang durch die eigene Gedankenwelt, bei dem neue Ideen und Lösungen auftauchen können.

Ein Geschenk an sich selbst

Ein Spaziergang ist ein Geschenk an sich selbst. Es ist eine Zeit, in der wir uns um unseren Körper und unseren Geist kümmern. Es ist eine Möglichkeit, Stress abzubauen, neue Energie zu tanken und die Freude an der Bewegung zu entdecken.

Die Magie des Spazierengehens liegt in seiner Einfachheit, seiner Natürlichkeit und seiner Fähigkeit, uns mit uns selbst und unserer Umgebung zu verbinden. Es ist eine sanfte, aber kraftvolle Praxis, die uns hilft, ein glücklicheres und gesünderes Leben zu führen.

Dieses Buch ist eine Einladung, die transformative Kraft des Spazierengehens in all ihren Facetten zu entdecken. Wir werden gemeinsam eine Reise antreten, die uns von den wissenschaftlichen Grundlagen bis hin zu praktischen Tipps und inspirierenden Geschichten führt. Dabei wollen wir nicht nur die körperlichen Vorteile beleuchten, sondern auch die tiefgreifenden Auswirkungen auf unsere mentale Gesundheit und unser emotionales Wohlbefinden erkunden.

Was Sie in diesem Buch erwartet

Im ersten Teil des Buches tauchen wir ein in die Welt der körperlichen Prozesse, die beim Spazierengehen in Gang gesetzt werden. Wir werden uns ansehen, wie sich regelmäßige Bewegung auf unser *Herz-Kreislauf-System, unsere Muskeln und Knochen* auswirkt. Sie erfahren, wie Spazierengehen als sanfte, aber effektive Form der Fitness dienen kann und wie es zur Prävention und Linderung verschiedener Gesundheitsprobleme beiträgt.

Der zweite Teil widmet sich der mentalen Dimension des Spazierengehens. Wir werden untersuchen, wie sich Bewegung in der Natur auf unseren Geist auswirkt, wie sie Stress reduziert, die **Stimmung hebt** und die Kreativität fördert. Sie werden lernen, wie Sie Achtsamkeit in Ihre Spaziergänge integrieren können, um die positiven Effekte zu maximieren.

Im dritten Teil des Buches geht es um die praktische Umsetzung. Wir werden uns mit der richtigen Ausrüstung und Vorbereitung beschäftigen, verschiedene Spazierwege und Routen erkunden und Strategien entwickeln, um das Spazierengehen in Ihren Alltag zu integrieren. Sie erhalten Tipps, wie Sie Ihre Motivation aufrechterhalten und wie Sie Spaziergänge zu einem sozialen Erlebnis machen können. Keine Angst: Spazieren gehen geht ohne teure oder umständliche Ausrüstung – nur die Schuhe sollten bequem sein.

Ein ganzheitlicher Ansatz

Dieses Buch verfolgt einen ganzheitlichen Ansatz, der Körper, Geist und Seele gleichermaßen berücksichtigt. Ich glaube, dass Spazierengehen mehr ist als nur eine körperliche Aktivität. Es ist eine Möglichkeit, sich mit sich selbst und der Welt um uns herum zu verbinden, Stress abzubauen, neue Energie zu tanken und die Freude an der Bewegung zu entdecken.

Für wen ist dieses Buch?

Dieses Buch richtet sich an alle, die ihr Wohlbefinden verbessern möchten, unabhängig von Alter oder Fitnesslevel. Es ist für diejenigen, die nach einem einfachen und effektiven Weg suchen, um Stress abzubauen, ihre Stimmung zu heben und ihre Gesundheit zu fördern. Und es ist für diejenigen, die die Schönheit der Natur in vollen Zügen genießen möchten.

Ein Aufruf zur Bewegung

Wir laden Sie ein, sich auf diese Reise zu begeben und die transformative Kraft des Spazierengehens selbst zu erleben. Lassen Sie uns gemeinsam die Schuhe schnüren, die Tür öffnen und uns auf den Weg machen. Denn jeder Schritt ist ein Schritt zu mehr Gesundheit, Glück und Wohlbefinden.

Kapitel 1: Der Körper in Bewegung

Was passiert im Körper beim Spazierengehen?

Auswirkungen auf Herz-Kreislauf-System, Muskeln und Knochen:

Spazierengehen ist eine der natürlichsten Bewegungsformen des Menschen. Doch was genau passiert in unserem Körper, wenn wir uns auf einen Spaziergang begeben? Es ist ein komplexes Zusammenspiel verschiedener Systeme, das uns nicht nur körperlich, sondern auch mental guttut.

Das Herz-Kreislauf-System

Schon bei den ersten Schritten beginnt unser Herz schneller zu schlagen. Die Muskeln benötigen mehr Sauerstoff, und das Herz pumpt Blut mit höherer Frequenz durch den Körper, um diesen Bedarf zu decken. Die Blutgefäße weiten sich, was den Blutfluss erleichtert und den **Blutdruck senkt.** Regelmäßige Spaziergänge stärken das Herz, verbessern die Durchblutung und **senken das Risiko von Herz-Kreislauf-Erkrankungen.**

Die Muskeln und Knochen

Beim Spazierengehen werden zahlreiche Muskelgruppen beansprucht, insbesondere die Beinmuskulatur, aber auch die Rumpfmuskulatur, die für die Stabilisierung des Körpers sorgt. Die Muskeln werden besser durchblutet und mit Nährstoffen versorgt, was zu einer Verbesserung der Muskelfunktion und -kraft führt. Gleichzeitig werden die Knochen durch die Belastung gestärkt, was das Risiko von Osteoporose reduziert.

Die Atmung

Die Atmung wird tiefer und regelmäßiger, um den erhöhten Sauerstoffbedarf des Körpers zu decken. Die Lunge wird besser belüftet, und der Körper kann mehr Sauerstoff aufnehmen. Die frische Luft, die wir beim Spazierengehen einatmen, reinigt die Lunge und verbessert die Atemfunktion.

Der Stoffwechsel

Spazierengehen regt den Stoffwechsel an und **erhöht den Kalorienverbrauch.** Je nach Intensität und Dauer des Spaziergangs können wir eine beträchtliche Menge an Kalorien verbrennen. Regelmäßige Spaziergänge können daher beim Gewichtsmanagement helfen und das **Risiko von Stoffwechselerkrankungen wie Diabetes Typ 2 reduzieren.**

Das Immunsystem

Studien haben gezeigt, dass regelmäßige moderate Bewegung wie Spazierengehen das Immunsystem stärken kann. Die Anzahl der Immunzellen im Körper steigt, und ihre Aktivität wird verbessert. Dadurch sind wir besser vor Infektionen und Krankheiten geschützt.

Das Nervensystem

Spazierengehen hat eine **beruhigende Wirkung auf das Nervensystem.** Die rhythmische Bewegung und die frische Luft können Stress abbauen und die Entspannung fördern. Gleichzeitig werden **Botenstoffe wie Endorphine freigesetzt**, die für ein Gefühl des Wohlbefindens sorgen.

Die Verdauung

Bewegung regt die Verdauung an und hilft, Verstopfung vorzubeugen. Spazierengehen kann die Darmbewegung fördern und die Aufnahme von Nährstoffen verbessern.

Die Gelenke

Im Gegensatz zu intensiven Sportarten ist Spazierengehen eine **schonende Aktivität für die Gelenke.** Die Bewegung hält die Gelenke geschmeidig und verbessert die Durchblutung des Gelenkgewebes. Regelmäßige Spaziergänge können daher helfen, Gelenkschmerzen zu lindern und die Beweglichkeit zu erhalten.

Die Sinne

Beim Spazierengehen werden unsere Sinne aktiviert. Wir nehmen die Geräusche, Gerüche und Farben der Umgebung intensiver wahr. Diese Sinneserfahrungen können uns helfen, uns zu entspannen und den Moment bewusst zu erleben.

Ein ganzheitlicher Effekt

Zusammenfassend lässt sich sagen, dass Spazierengehen eine Vielzahl positiver Effekte auf unseren Körper hat. Es stärkt das Herz-Kreislauf-System, die Muskeln und Knochen, verbessert die Atmung und den Stoffwechsel, stärkt das Immunsystem, beruhigt das Nervensystem, fördert die Verdauung und hält die Gelenke geschmeidig. Es ist eine ganzheitliche Aktivität, die uns hilft, körperlich und geistig gesund zu bleiben.

Die Rolle der frischen Luft und des Sonnenlichts

Beim Spazierengehen profitieren wir nicht nur von der Bewegung selbst, sondern auch von den positiven Effekten der frischen Luft und des Sonnenlichts. Diese beiden natürlichen Elemente spielen eine entscheidende Rolle für unsere körperliche und geistige Gesundheit.

Frische Luft – Ein Lebenselixier

Die Luft in geschlossenen Räumen ist oft verbraucht und enthält weniger Sauerstoff als die Luft im Freien. Beim Spazierengehen atmen wir tiefer ein und versorgen unseren Körper mit frischem Sauerstoff. Dies hat zahlreiche positive Auswirkungen:

- **Verbesserte Lungenfunktion:** Frische Luft reinigt die Lunge und verbessert die Atemfunktion. Dies ist besonders wichtig für Menschen mit Atemwegserkrankungen wie Asthma.

- **Gestärktes Immunsystem:** Studien haben gezeigt, dass frische Luft die Aktivität der Immunzellen steigern kann.

Dadurch werden wir widerstandsfähiger gegen Infektionen.

- **Erhöhte Energie:** Sauerstoff ist essenziell für die Energieproduktion im Körper. Frische Luft kann uns daher wacher und leistungsfähiger machen.

- **Stressabbau:** Tiefe Atemzüge in frischer Luft können das Nervensystem beruhigen und Stress abbauen.

- **Verbesserte Konzentration:** Frische Luft kann die Durchblutung des Gehirns verbessern und die Konzentration fördern.

Sonnenlicht – Vitamin D und mehr

Sonnenlicht ist unsere wichtigste Quelle für Vitamin D, ein lebenswichtiges Vitamin, das für zahlreiche Körperfunktionen benötigt wird:

- **Knochengesundheit:** Vitamin D ist essenziell für die Aufnahme von Kalzium und Phosphor, die für den Aufbau und Erhalt starker Knochen benötigt werden.

- **Immunsystem:** Vitamin D spielt eine wichtige Rolle bei der Regulierung des Immunsystems und kann das Risiko von Autoimmunerkrankungen senken.

- **Stimmung:** *Sonnenlicht **fördert die Produktion von Serotonin**, einem Neurotransmitter, der unsere Stimmung positiv beeinflusst.* Ein Mangel an Sonnenlicht kann zu Winterdepressionen führen.

- **Herz-Kreislauf-System:** Studien haben gezeigt, dass Vitamin D das Risiko von Herz-Kreislauf-Erkrankungen senken kann.

- **Schlaf:** Sonnenlicht hilft, unseren Schlaf-Wach-Rhythmus zu regulieren und kann die Schlafqualität verbessern.

Die Synergie von Bewegung, frischer Luft und Sonnenlicht

Die positiven Effekte von Bewegung, frischer Luft und Sonnenlicht verstärken sich gegenseitig. Beim Spazierengehen profitieren wir von der Kombination dieser drei Faktoren:

- Die Bewegung regt die Durchblutung an, wodurch mehr Sauerstoff und Vitamin D zu den Zellen transportiert werden.

- Die frische Luft reinigt die Lunge und verbessert die Sauerstoffaufnahme.

- Das Sonnenlicht fördert die Vitamin-D-Produktion und hebt die Stimmung.

Tipps für optimale Nutzung

- Nutzen Sie die sonnigen Stunden für Ihre Spaziergänge, um die Vitamin-D-Produktion zu maximieren.

- Achten Sie auf ausreichenden Sonnenschutz, insbesondere in den Sommermonaten.

- Suchen Sie sich Spazierwege in der Natur, um die frische Luft in vollen Zügen zu genießen.

- Atmen Sie tief ein und aus, um die Lunge optimal zu belüften.

Indem wir die positiven Effekte von frischer Luft und Sonnenlicht nutzen, können wir unsere Spaziergänge zu einem wahren
Gesundheitselixier machen. Spaziergänge sind in nahezu jeder
Umgebung möglich, eine „grüne Lunge" haben viele Menschen
in erreichbarer Nähe.

Ein Spaziergang an der Sonne gibt so viel Kraft. Im Sommer wie
im Winter. Viel schöner, als sich nur in die Sonne zu legen.

Kapitel 2: Spazierengehen als Fitnessprogramm

Kalorienverbrauch und Gewichtsmanagement

Spazierengehen ist eine sanfte, aber effektive Methode, um Kalorien zu verbrennen und das Gewicht zu kontrollieren. Im Gegensatz zu intensiven Sportarten ist es schonend für die Gelenke und eignet sich daher für Menschen jeden Alters und Fitnesslevels. Doch wie viele Kalorien verbrennt man eigentlich beim Spazierengehen und wie kann es beim Abnehmen helfen?

Der Kalorienverbrauch im Detail

Der Kalorienverbrauch beim Spazierengehen hängt von verschiedenen Faktoren ab, darunter:

- **Körpergewicht:** Je mehr Sie wiegen, desto mehr Kalorien verbrennen Sie bei gleicher Distanz und Geschwindigkeit.

- **Geschwindigkeit:** Ein zügiger Spaziergang verbrennt mehr Kalorien als ein gemütlicher Bummel.

- **Terrain:** Spaziergänge in hügeligem Gelände oder mit Steigungen verbrennen mehr Kalorien als Spaziergänge auf ebener Strecke.

- **Dauer:** Je länger der Spaziergang, desto mehr Kalorien werden verbrannt.

Als grobe Faustregel gilt: Pro Stunde Spazierengehen verbrennt eine durchschnittliche Person etwa 200 bis 300 Kalorien. Diese Zahl kann jedoch je nach den oben genannten Faktoren variieren.

Spazierengehen als Teil eines Gewichtsmanagementprogramms

Spazierengehen allein reicht möglicherweise nicht aus, um signifikante Gewichtsverluste zu erzielen. Es ist jedoch ein wertvoller Bestandteil eines umfassenden Gewichtsmanagementprogramms, das auch eine gesunde Ernährung und gegebenenfalls andere Formen der Bewegung umfasst.

So kann Spazierengehen beim Abnehmen helfen:

- **Kaloriendefizit:** Um Gewicht zu verlieren, müssen Sie mehr Kalorien verbrennen, als Sie zu sich nehmen. Spazierengehen kann dazu beitragen, dieses Kaloriendefizit zu erreichen.

- **Fettverbrennung:** Spazierengehen ist eine aerobe Aktivität, die die Fettverbrennung anregt. Insbesondere bei längeren Spaziergängen greift der Körper auf Fettreserven zurück, um Energie zu gewinnen.

- **Muskelaufbau:** Regelmäßige Spaziergänge können dazu beitragen, Muskelmasse aufzubauen. Muskeln verbrennen mehr Kalorien als Fett, auch im Ruhezustand.

- **Stressabbau:** Stress kann zu übermäßigem Essen führen. Spazierengehen kann helfen, Stress abzubauen und somit Heißhungerattacken zu vermeiden.

- **Verbesserte Stimmung:** Bewegung im Freien kann die Stimmung heben und die Motivation steigern, gesunde Entscheidungen zu treffen.

Tipps für einen effektiven Kalorienverbrauch:

- **Steigern Sie die Intensität:** Versuchen Sie, Ihre Spaziergänge zu beschleunigen oder Steigungen einzubauen, um den Kalorienverbrauch zu erhöhen.

- **Erhöhen Sie die Dauer:** Verlängern Sie Ihre Spaziergänge allmählich, um mehr Kalorien zu verbrennen.

- **Integrieren Sie Intervalltraining:** Wechseln Sie zwischen schnellen und langsamen Abschnitten, um den Stoffwechsel anzukurbeln.

- **Nutzen Sie einen Schrittzähler oder Fitnesstracker:** Diese Geräte können Ihnen helfen, Ihre Aktivität zu überwachen und Ihre Fortschritte zu verfolgen. Setzen Sie sich operationale (erreichbare) Ziele, z.B. 10.000 Schritte am Tag zu gehen. Oder auch 15.000. Fangen Sie langsam an und freuen Sie sich, wenn Sie ein Ziel erreicht haben. Uhren mit Schrittzähler gibt es schon ab ca. 20-30 Euro am Markt.

- **Kombinieren Sie Spazierengehen mit anderen Aktivitäten:** Ergänzen Sie Ihre Spaziergänge mit Krafttraining oder anderen Formen der Bewegung, um den Kalorienverbrauch weiter zu steigern.

Wichtig:

- Es ist wichtig zu beachten, dass Gewichtsmanagement ein langfristiger Prozess ist. Seien Sie geduldig und setzen Sie realistische Ziele.

- Konsultieren Sie einen Arzt oder Ernährungsberater, bevor Sie ein neues Gewichtsmanagementprogramm beginnen.

Spazierengehen ist eine einfache und zugängliche Möglichkeit, Kalorien zu verbrennen und das Gewicht zu kontrollieren. Mit der richtigen Herangehensweise kann es ein wertvoller Bestandteil eines gesunden Lebensstils sein.

Nur mit Spazierengehen werden Sie keine 20-30 Kilogramm im Quartal abnehmen. Aber: Während des Spazierengehens essen Sie schon mal nicht, naschen nicht und bauen Stress ab. Im Optimalfall essen Sie auch danach weniger Süßkram oder Chips, weil sie weniger gestresst sind.

Verbesserung von Ausdauer und Kraft

Spazierengehen ist nicht nur eine sanfte Form der Bewegung, sondern auch ein effektives Training zur Verbesserung von Ausdauer und Kraft. Obwohl es oft als weniger intensiv wahrgenommen wird als andere Sportarten, kann es bei regelmäßiger Durchführung signifikante positive Auswirkungen auf die körperliche Leistungsfähigkeit haben.

Ausdauersteigerung durch Spazierengehen

- **Herz-Kreislauf-System:**
    - Regelmäßige Spaziergänge stärken das Herz-Kreislauf-System, indem sie die Herzfrequenz erhöhen und die Durchblutung verbessern.

- o Dies führt zu einer effizienteren Sauerstoffversorgung der Muskeln, was die Ausdauerleistung steigert.

- o Mit der Zeit passt sich der Körper an die Belastung an, und die Herzfrequenz sinkt im Ruhezustand, was ein Zeichen für eine verbesserte kardiovaskuläre Fitness ist.

- **Atmung:**

  - o Spazierengehen fördert eine tiefere und regelmäßigere Atmung, wodurch die Lungenkapazität verbessert wird.

  - o Dies ermöglicht eine effizientere Sauerstoffaufnahme und -verwertung, was sich positiv auf die Ausdauer auswirkt.

- **Muskuläre Ausdauer:**

  - o Längere Spaziergänge trainieren die Muskeln auf Ausdauer, insbesondere die Beinmuskulatur.

  - o Die Muskeln lernen, über längere Zeiträume hinweg effizienter zu arbeiten, was die muskuläre Ausdauer verbessert.

Kraftaufbau durch Spazierengehen

- **Beinmuskulatur:**

  - o Spazierengehen beansprucht die Muskeln in Beinen, Gesäß und Hüften, wodurch diese gestärkt werden.

- o Insbesondere Spaziergänge in hügeligem Gelände oder mit Steigungen fördern den Kraftaufbau in der Beinmuskulatur.

- **Rumpfmuskulatur:**

  - o Die Rumpfmuskulatur wird beim Spazierengehen aktiviert, um den Körper zu stabilisieren und das Gleichgewicht zu halten.

  - o Dies trägt zur Stärkung der Rumpfmuskulatur bei, was sich positiv auf die Körperhaltung und die Stabilität auswirkt.

- **Zusätzliche Übungen:**

  - o Um den Kraftaufbau weiter zu fördern, können zusätzliche Übungen in die Spaziergänge integriert werden, wie z. B. Kniebeugen, Ausfallschritte oder Treppensteigen.

  - o Auch das Nutzen von Nordic Walking Stöcken kann die Kraft in den Armen und der Schulterpartie stärken.

Tipps zur Steigerung von Ausdauer und Kraft

- **Regelmäßigkeit:**

  - o Regelmäßige Spaziergänge sind entscheidend für die Verbesserung von Ausdauer und Kraft.

  - o Planen Sie regelmäßige Spaziergänge in Ihren Alltag ein und steigern Sie die Dauer und Intensität allmählich.

- **Intensität:**

    o Variieren Sie die Intensität Ihrer Spaziergänge, indem Sie zügig gehen, Steigungen einbauen oder Intervalltraining durchführen.

- **Dauer:**

    o Verlängern Sie die Dauer Ihrer Spaziergänge allmählich, um die Ausdauerleistung zu steigern.

- **Terrain:**

    o Wählen Sie abwechslungsreiche Strecken mit unterschiedlichem Terrain, um verschiedene Muskelgruppen zu beanspruchen.

- **Zusätzliche Aktivitäten:**

    o Ergänzen Sie Ihre Spaziergänge mit anderen Aktivitäten, die die Ausdauer und Kraft fördern, wie z. B. Schwimmen, Radfahren oder Krafttraining.

Durch regelmäßiges und gezieltes Spazierengehen können Sie Ihre Ausdauer und Kraft auf schonende und effektive Weise verbessern und so Ihre allgemeine körperliche Leistungsfähigkeit steigern.

Spazierengehen als sanfte Alternative zu intensiven Sportarten

In unserer von Fitnesskult und Leistungsdruck geprägten Gesellschaft werden intensive Sportarten oft als Königsweg zu Gesundheit und Wohlbefinden propagiert. Doch nicht jeder Mensch ist für hochintensive Trainingsprogramme gemacht oder hat die Zeit und Energie dafür. Hier erweist sich das Spazierengehen als wohltuende und effektive Alternative, die zahlreiche Vorteile bietet, ohne den Körper zu überfordern. Nicht jeder möchte 3x die Woche seine Sporttasche packen und ins Fitnessstudio düsen, um sich dort umständlich umzuziehen und Gewichte zu stemmen, während man anderen zuschaut, die das viel besser können.

Schonend für Gelenke und Muskeln

Im Gegensatz zu Sportarten wie Laufen, Springen oder Gewichtheben, die die Gelenke stark beanspruchen, ist Spazierengehen eine äußerst **gelenkschonende Aktivität**. Die sanfte Bewegung minimiert das Verletzungsrisiko und eignet sich daher besonders für Menschen mit Gelenkproblemen, Übergewicht oder im fortgeschrittenen Alter. Auch die Muskeln werden beim Spazierengehen nicht übermäßig belastet, was Muskelkater und Verletzungen vorbeugt.

Anpassbar an individuelle Bedürfnisse

Spazierengehen lässt sich flexibel an die individuellen Bedürfnisse und Vorlieben anpassen. Ob gemütlicher Spaziergang im Park, zügige Wanderung im Wald oder ausgedehnte Stadterkundung – die Intensität, Dauer und Umgebung können frei gewählt werden. Dies ermöglicht es, das Spazierengehen in den Alltag zu integrieren und die Freude an der Bewegung zu entdecken.

Positive Auswirkungen auf die Gesundheit

Obwohl Spazierengehen als sanft gilt, hat es dennoch zahlreiche positive Auswirkungen auf die Gesundheit:

- **Herz-Kreislauf-System:** Regelmäßige Spaziergänge stärken das Herz-Kreislauf-System, senken den Blutdruck und verbessern die Durchblutung.

- **Stoffwechsel:** Spazierengehen regt den Stoffwechsel an, fördert die Fettverbrennung und unterstützt das Gewichtsmanagement.

- **Immunsystem:** Moderate Bewegung stärkt das Immunsystem und reduziert das Risiko von Infektionen.

- **Knochengesundheit:** Spazierengehen trägt zur Stärkung der Knochen bei und beugt Osteoporose vor.

- **Mentale Gesundheit:** Spazierengehen wirkt stressabbauend, stimmungsaufhellend und fördert die Entspannung.

Ideal für den Einstieg in die Bewegung

Spazierengehen ist eine ideale Aktivität für Menschen, die mit dem Sport beginnen oder nach einer längeren Pause wieder einsteigen möchten. Es erfordert keine spezielle Ausrüstung oder Vorkenntnisse und kann jederzeit und überall durchgeführt werden. Die sanfte Bewegung ermöglicht es, den Körper langsam an die Belastung zu gewöhnen und die Fitness schrittweise zu steigern.

Eine Bereicherung für den Alltag

Spazierengehen ist mehr als nur eine körperliche Aktivität. Es ist eine Möglichkeit, dem Alltagsstress zu entfliehen, die Natur zu genießen und neue Energie zu tanken. Ob allein, mit Freunden oder der Familie – Spazierengehen bereichert den Alltag und fördert das Wohlbefinden.

Spazierengehen ist eine sanfte, aber effektive Alternative zu intensiven Sportarten, die zahlreiche gesundheitliche Vorteile bietet. Es ist schonend für Gelenke und Muskeln, flexibel anpassbar und bereichert den Alltag. Wer nach einer einfachen und zugänglichen Möglichkeit sucht, sich zu bewegen und die Gesundheit zu fördern, findet im Spazierengehen eine ideale Lösung.

Kapitel 3: Prävention und Heilung

Spazierengehen zur Vorbeugung von Krankheiten

In einer Zeit, in der Zivilisationskrankheiten wie Herz-Kreislauf-Erkrankungen, Diabetes und Krebs immer häufiger auftreten, gewinnt die Prävention eine immer größere Bedeutung. Spazierengehen, eine einfache und zugängliche Form der Bewegung, erweist sich dabei als wirksames Mittel zur Vorbeugung zahlreicher Erkrankungen.

Herz-Kreislauf-Erkrankungen

Regelmäßige Spaziergänge stärken das Herz-Kreislauf-System, indem sie die Herzfrequenz erhöhen und die Durchblutung verbessern. Dies führt zu einer Senkung des Blutdrucks und des Cholesterinspiegels, wodurch das Risiko von Herzinfarkten, Schlaganfällen und anderen Herz-Kreislauf-Erkrankungen deutlich reduziert wird. Studien haben gezeigt, dass bereits 30 Minuten Spazierengehen pro Tag das Risiko für diese Erkrankungen um bis zu 30 % senken können.

Diabetes Typ 2

Spazierengehen verbessert die Insulinsensitivität und hilft, den Blutzuckerspiegel zu regulieren. Dies ist besonders wichtig für Menschen mit Diabetes Typ 2 oder einem erhöhten Risiko dafür. Regelmäßige Bewegung kann dazu beitragen, die Entwicklung von Diabetes zu verhindern oder den Verlauf der Erkrankung zu verbessern.

Krebs

Einige Studien deuten darauf hin, dass regelmäßige körperliche Aktivität, einschließlich Spazierengehen, das Risiko für bestimmte Krebsarten, wie Darmkrebs, Brustkrebs und Gebärmutterkrebs, senken kann. Bewegung kann dazu beitragen, das Immunsystem zu stärken, Entzündungen zu reduzieren und den Hormonhaushalt zu regulieren, was alles Faktoren sind, die bei der Krebsentstehung eine Rolle spielen können.

Osteoporose

Spazierengehen ist eine gewichtsbelastende Aktivität, die die Knochen stärkt und das Risiko von Osteoporose reduziert. Regelmäßige Bewegung regt den Knochenaufbau an und hilft, den Knochenabbau zu verlangsamen. Dies ist besonders wichtig für Frauen nach den Wechseljahren, die ein erhöhtes Risiko für Osteoporose haben.

Depressionen und Angstzustände

Spazierengehen hat eine positive Wirkung auf die psychische Gesundheit. Es kann helfen, Stress abzubauen, die Stimmung zu verbessern und Angstzustände zu reduzieren. Bewegung setzt Endorphine frei, die als natürliche Stimmungsaufheller wirken. Darüber hinaus kann die Zeit in der Natur beruhigend wirken und das Gefühl der Verbundenheit stärken.

Demenz

Einige Studien deuten darauf hin, dass regelmäßige körperliche Aktivität, einschließlich Spazierengehen, das Risiko für Demenz und Alzheimer-Krankheit senken kann. Bewegung fördert die Durchblutung des Gehirns und kann dazu beitragen, die kognitive Funktion zu erhalten.

Weitere Vorteile

Neben der Vorbeugung spezifischer Krankheiten hat Spazierengehen auch zahlreiche weitere gesundheitliche Vorteile:

- **Stärkung des Immunsystems:** Regelmäßige Bewegung stärkt das Immunsystem und macht den Körper widerstandsfähiger gegen Infektionen.

- **Verbesserung der Schlafqualität:** Spazierengehen kann helfen, den Schlaf-Wach-Rhythmus zu regulieren und die Schlafqualität zu verbessern.

- **Gewichtsmanagement:** Spazierengehen kann dazu beitragen, das Gewicht zu kontrollieren und Übergewicht oder Adipositas vorzubeugen.

- **Verbesserung der Lebensqualität:** Regelmäßige Bewegung kann die Lebensqualität verbessern, indem sie die körperliche und geistige Gesundheit fördert.

Wie viel Bewegung ist nötig?

Die Weltgesundheitsorganisation (WHO) empfiehlt Erwachsenen, mindestens 150 Minuten moderate körperliche Aktivität pro Woche zu absolvieren. Dies kann durch regelmäßige Spaziergänge erreicht werden. Es ist jedoch wichtig, die Intensität und Dauer der Spaziergänge an die individuellen Bedürfnisse und Fähigkeiten anzupassen. Ich selbst versuche, mindestens 3x die Woche 120 Minuten spazieren zu gehen, mindestens aber jeden Tag 60 Minuten.

Fazit

Spazierengehen ist eine einfache und effektive Möglichkeit, die Gesundheit zu fördern und zahlreichen Krankheiten vorzubeugen. Durch regelmäßige Bewegung können wir unsere körperliche und geistige Gesundheit stärken und unsere Lebensqualität verbessern.

Chronische Erkrankungen stellen für viele Menschen eine große Herausforderung dar. Sie beeinträchtigen nicht nur die körperliche Gesundheit, sondern auch die Lebensqualität und das psychische Wohlbefinden. In der Bewältigung dieser Erkrankungen spielt Bewegung eine entscheidende Rolle. Spazierengehen, als sanfte und anpassbare Aktivität, kann eine wertvolle Unterstützung im Umgang mit chronischen Leiden bieten.

Chronische Erkrankungen und Bewegung

Chronische Erkrankungen wie Arthritis, Fibromyalgie, chronische Rückenschmerzen, Multiple Sklerose, Parkinson, COPD (chronisch obstruktive Lungenerkrankung) und viele andere können zu Schmerzen, Bewegungseinschränkungen, Müdigkeit und psychischen Belastungen führen. Bewegung wird oft als kontraproduktiv angesehen, ist aber gerade für chronisch Erkrankte ein wichtiger Bestandteil der Therapie.

Die Vorteile von Spazierengehen bei chronischen Erkrankungen

- **Schmerzlinderung:**
    - Regelmäßige Bewegung kann dazu beitragen, Schmerzen zu lindern, indem sie die Durchblutung verbessert, Muskelverspannungen löst und die Freisetzung von Endorphinen fördert.
    - Bei Erkrankungen wie Arthritis kann Spazierengehen die Gelenkbeweglichkeit verbessern und die Steifigkeit reduzieren.

- **Verbesserung der Beweglichkeit:**

  - Spazierengehen hilft, die Gelenke geschmeidig zu halten und die Muskelkraft zu erhalten, was die Beweglichkeit verbessert und die Funktionsfähigkeit im Alltag erhöht.

- **Stärkung des Immunsystems:**

  - Chronische Erkrankungen können das Immunsystem schwächen. Moderate Bewegung wie Spazierengehen kann das Immunsystem stärken und die Widerstandsfähigkeit gegen Infektionen erhöhen.

- **Reduzierung von Müdigkeit:**

  - Obwohl es paradox erscheinen mag, kann Bewegung helfen, Müdigkeit zu reduzieren. Regelmäßige Aktivität verbessert die Energieproduktion im Körper und fördert einen erholsamen Schlaf.

- **Psychische Unterstützung:**

  - Chronische Erkrankungen können zu Depressionen, Angstzuständen und sozialer Isolation führen. Spazierengehen in der Natur kann die Stimmung verbessern, Stress abbauen und das Gefühl der Verbundenheit stärken.

  - Die Bewegung setzt Endorphine frei, die als natürliche Stimmungsaufheller wirken.

- **Verbesserung der Lebensqualität:**

  - Durch die Linderung von Symptomen, die Verbesserung der Beweglichkeit und die Stärkung

der psychischen Gesundheit kann Spazierengehen die Lebensqualität von Menschen mit chronischen Erkrankungen erheblich verbessern.

Anpassung des Spaziergangs an die individuellen Bedürfnisse

- **Langsam beginnen:**

    o Beginnen Sie mit kurzen, sanften Spaziergängen
    und steigern Sie die Dauer und Intensität all-
    mählich.

    o Hören Sie auf Ihren Körper und vermeiden Sie
    Überanstrengung.

- **Geeignetes Terrain:**

    o Wählen Sie ebene, gut befestigte Wege, um das
    Sturzrisiko zu minimieren.

    o Vermeiden Sie unebenes Gelände oder steile
    Steigungen.

- **Richtige Ausrüstung:**

    o Tragen Sie bequeme Schuhe und Kleidung, die
    Bewegungsfreiheit ermöglicht.

    o Verwenden Sie bei Bedarf Hilfsmittel wie Wan-
    derstöcke oder einen Rollator.

- **Pausen einlegen:**

    o Legen Sie regelmäßige Pausen ein, um sich aus-
    zuruhen und zu erholen.

    o Nehmen Sie ausreichend Flüssigkeit mit.

- **Achtsamkeit:**

    o Nutzen Sie die Zeit beim Spaziergehen, um sich auf Ihren Körper und Ihre Umgebung zu konzentrieren.

    o Achten Sie auf Ihre Atmung und versuchen Sie, Stress abzubauen.

- **Rücksprache mit dem Arzt:**

    o Bevor sie mit einem Spaziergang-Programm beginnen, halten sie Rücksprache mit ihrem behandelnden Arzt.

Beispiele für chronische Erkrankungen und Spazierengehen

- **Arthritis:**

    o Sanfte Spaziergänge können die Gelenkbeweglichkeit verbessern und Schmerzen lindern.

    o Wählen Sie ebene Wege und vermeiden Sie Überanstrengung.

- **Fibromyalgie:**

    o Kurze, langsame Spaziergänge können helfen, Schmerzen und Müdigkeit zu reduzieren.

    o Achten Sie auf ausreichende Pausen und vermeiden Sie Stress.

- **Multiple Sklerose:**

    o Regelmäßige Spaziergänge können die Muskelkraft und Ausdauer verbessern.

    o Wählen Sie schattige Wege und vermeiden Sie Überhitzung.

- **Parkinson:**
    - Spazierengehen kann helfen, die Beweglichkeit und das Gleichgewicht zu verbessern.
    - Verwenden Sie bei Bedarf Wanderstöcke oder einen Rollator.

Spazierengehen kann eine wertvolle Unterstützung im Umgang mit chronischen Erkrankungen bieten. Es ist wichtig, die Aktivität an die individuellen Bedürfnisse anzupassen und auf den Körper zu hören.

Die heilende Kraft der Natur

In einer zunehmend urbanisierten Welt, in der wir uns oft von der Natur entfremdet fühlen, vergessen wir leicht ihre heilende Kraft. Doch die Natur ist nicht nur ein Ort der Schönheit und Ruhe, sondern auch eine Quelle der Gesundheit und des Wohlbefindens.

Biophilia – Die angeborene Verbindung zur Natur

Der Begriff "Biophilia" beschreibt die angeborene menschliche Neigung, sich mit der Natur und anderen Lebewesen zu verbinden. Diese Verbindung ist tief in unserer evolutionären Geschichte verwurzelt und spielt eine entscheidende Rolle für unsere körperliche und geistige Gesundheit.

Die positiven Auswirkungen der Natur auf die Gesundheit

- **Stressabbau:**

  - Studien haben gezeigt, dass der Aufenthalt in der Natur den **Cortisolspiegel senkt**, das Stresshormon des Körpers.

  - Die beruhigende Wirkung von Grünflächen, Wäldern und Gewässern hilft, Stress abzubauen und Entspannung zu fördern.

- **Verbesserung der Stimmung:**

  - Die Natur **fördert die Produktion von Serotonin**, einem Neurotransmitter, der die Stimmung positiv beeinflusst.

  - Sonnenlicht, das in der Natur reichlich vorhanden ist, trägt ebenfalls zur Stimmungsaufhellung bei.

- **Stärkung des Immunsystems:**

  - Der Aufenthalt in der Natur erhöht die Anzahl und Aktivität der natürlichen Killerzellen, die eine wichtige Rolle bei der Immunabwehr spielen.

  - Die frische Luft und die Vielfalt der Mikroorganismen in der Natur stärken das Immunsystem.

- **Verbesserung der kognitiven Funktion:**

  - Die Natur kann die Konzentration, Aufmerksamkeit und Kreativität verbessern.

- o Studien haben gezeigt, dass Kinder, die Zeit in der Natur verbringen, bessere kognitive Leistungen erbringen.

- **Förderung der körperlichen Aktivität:**

  - o Die Natur lädt zur Bewegung ein, sei es beim Spazierengehen, Wandern, Radfahren oder Spielen im Freien.

  - o Regelmäßige körperliche Aktivität in der Natur fördert die körperliche Gesundheit und das Wohlbefinden.

Die heilende Kraft des Waldes – Waldbaden (Shinrin-Yoku)

- In Japan hat sich das "Waldbaden" (Shinrin-Yoku) als anerkannte Methode zur Stressreduktion und Gesundheitsförderung etabliert. Auch in Deutschland werden solche Aktivitäten angeboten.

- Beim Waldbaden tauchen wir bewusst in die Atmosphäre des Waldes ein, indem wir unsere Sinne öffnen und die Natur auf uns wirken lassen.

- Die ätherischen Öle, die von Bäumen und Pflanzen abgegeben werden (Terpene), haben eine beruhigende Wirkung auf das Nervensystem und stärken das Immunsystem.

Die heilende Kraft von Wasser

- Wasser hat eine beruhigende und heilende Wirkung auf Körper und Geist. Dies gilt sowohl für das Rauschen des Meeres wie auch vorbeifließende Bäche oder Flüsse.

- Der Aufenthalt an Seen, Flüssen oder am Meer kann Stress abbauen, die Stimmung verbessern und die Entspannung fördern.

- Schwimmen, Wassergymnastik oder einfach nur das Betrachten von Wasser können positive Auswirkungen auf die Gesundheit haben.

Die Natur als Quelle der Inspiration und Kreativität

- Die Natur ist eine unerschöpfliche Quelle der Inspiration und Kreativität.

- Viele Künstler, Schriftsteller und Musiker haben ihre Inspiration in der Natur gefunden.

- Der Aufenthalt in der Natur kann uns helfen, neue Perspektiven zu gewinnen, Ideen zu entwickeln und unsere Kreativität zu entfalten.

Wie wir die heilende Kraft der Natur nutzen können

- Verbringen Sie regelmäßig Zeit in der Natur, sei es im Park, im Wald oder am Wasser.

- Gehen Sie spazieren, wandern oder fahren Sie Rad in der Natur.

- Nehmen Sie sich Zeit, um die Natur bewusst wahrzunehmen, indem Sie Ihre Sinne öffnen.

- Integrieren Sie natürliche Elemente in Ihren Alltag, z. B. durch Zimmerpflanzen oder den Blick aus dem Fenster.

<u>**Die Natur ist ein wertvoller Verbündeter für unsere Gesundheit**</u> und unser Wohlbefinden. Indem wir uns mit ihr verbinden, können wir ihre heilende Kraft nutzen und ein gesünderes und erfüllteres Leben führen.

Ein Spaziergang am Wasser ist oft besonders erholsam

Ob Sie am Meer, am Strand oder bei Wind spazieren gehen: Hauptsache, Sie gehen raus und bewegen sich. Je mehr frische Luft und Bewegung, desto besser. Lassen Sie sich durch nichts aufhalten!

Kapitel 4: Stressabbau und Entspannung

Die beruhigende Wirkung des Spazierengehens

In einer Welt, die von ständiger Hektik und Reizüberflutung geprägt ist, sehnen wir uns nach Momenten der Ruhe und Entspannung. Spazierengehen erweist sich dabei als ein wirksames Mittel, um dem Alltagsstress zu entfliehen und innere Ausgeglichenheit zu finden. Die beruhigende Wirkung des Spazierengehens ist ein vielschichtiges Phänomen, das sowohl körperliche als auch psychische Aspekte umfasst.

Physiologische Entspannung

- **Reduktion von Stresshormonen:**

  o Beim Spazierengehen werden Stresshormone wie Cortisol abgebaut. Die rhythmische Bewegung und die frische Luft wirken beruhigend auf das Nervensystem und fördern die Ausschüttung von Entspannungshormonen.

- **Senkung des Blutdrucks und der Herzfrequenz:**

  o Regelmäßige Spaziergänge können dazu beitragen, den Blutdruck und die Herzfrequenz zu senken. Die gleichmäßige Bewegung entspannt die Blutgefäße und beruhigt das Herz.

- **Verbesserung der Atmung:**

  - Beim Spazierengehen atmen wir tiefer und regelmäßiger. Die frische Luft reinigt die Lunge und verbessert die Sauerstoffversorgung des Körpers. Eine tiefe, entspannte Atmung wirkt beruhigend auf das Nervensystem.

- **Lösung von Muskelverspannungen:**

  - Spazierengehen hilft, Muskelverspannungen zu lösen, die durch Stress und Anspannung entstehen können. Die sanfte Bewegung lockert die Muskulatur und fördert die Durchblutung.

Psychische Entspannung

- **Ablenkung von negativen Gedanken:**

  - Beim Spazierengehen können wir uns von negativen Gedanken und Sorgen ablenken. Die Bewegung und die Eindrücke der Umgebung helfen, den Geist zu beruhigen und den Fokus auf das Hier und Jetzt zu lenken.

- **Freisetzung von Endorphinen:**

  - Spazierengehen fördert die Freisetzung von Endorphinen, den sogenannten Glückshormonen. Endorphine wirken stimmungsaufhellend und angstlösend.

- **Verbesserung der Stimmung:**

  - Die Kombination aus körperlicher Bewegung, frischer Luft und Sonnenlicht kann die Stimmung deutlich verbessern. Spazierengehen hilft, negative Emotionen abzubauen und ein Gefühl der inneren Ruhe zu fördern.

- **Förderung der Selbstwahrnehmung:**

  o Beim Spazierengehen haben wir Zeit, uns mit uns selbst auseinanderzusetzen. Die Bewegung und die Ruhe der Umgebung ermöglichen es uns, unsere Gedanken und Gefühle zu reflektieren.

- **Die Wohltat der Natur:**

  o Die Natur hat eine von Grund auf Beruhigende Wirkung auf den Menschen. Die Farbe Grün, das Geräusch von Wasser, und das Gefühl von Wind auf der Haut, kann helfen, den Geist zu beruhigen.

Die Bedeutung der Umgebung

- **Natur:**

  o Spaziergänge in der Natur, sei es im Wald, im Park oder am See, haben eine besonders beruhigende Wirkung. Die grüne Umgebung, die frische Luft und die Geräusche der Natur wirken entspannend auf Körper und Geist.

- **Stadt:**

  o Auch in der Stadt kann Spazierengehen eine beruhigende Wirkung haben. Ein Spaziergang durch ruhige Wohngebiete, Parks oder entlang von Gewässern kann helfen, dem Trubel der Stadt zu entfliehen.

Tipps für einen beruhigenden Spaziergang:

- **Wählen Sie eine angenehme Umgebung:**
    - Suchen Sie sich eine Umgebung, in der Sie sich wohlfühlen und entspannen können.
- **Gehen Sie in Ihrem eigenen Tempo:**
    - Lassen Sie sich Zeit und gehen Sie in einem Tempo, das Ihnen guttut.
- **Atmen Sie tief ein und aus:**
    - Konzentrieren Sie sich auf Ihre Atmung und atmen Sie tief ein und aus.
- **Nehmen Sie Ihre Umgebung bewusst wahr:**
    - Achten Sie auf die Geräusche, Gerüche und Eindrücke der Umgebung.
- **Lassen Sie Ihre Gedanken ziehen:**
    - Versuchen Sie, Ihre Gedanken nicht festzuhalten, sondern sie wie Wolken am Himmel vorbeiziehen zu lassen.

Spazierengehen ist eine einfache und effektive Möglichkeit, um Stress abzubauen, die Stimmung zu verbessern und innere Ruhe zu finden.

Achtsamkeit und Entschleunigung

In einer Welt, die von Hektik und ständiger Erreichbarkeit geprägt ist, sehnen wir uns nach Momenten der Ruhe und inneren Einkehr. Spazierengehen bietet die ideale Gelegenheit, Achtsamkeit zu üben und den Geist zu entschleunigen. Es ist eine Einladung, den Moment bewusst zu erleben und die Schönheit des Augenblicks zu genießen.

Achtsamkeit beim Spazierengehen

Achtsamkeit bedeutet, die Aufmerksamkeit bewusst auf den gegenwärtigen Moment zu lenken, ohne zu urteilen. Beim Spazierengehen können wir Achtsamkeit üben, indem wir unsere Sinne öffnen und die Umgebung bewusst wahrnehmen.

- **Sinneswahrnehmung:**
    - Achten Sie auf die Geräusche der Natur, wie das Zwitschern der Vögel, das Rascheln der Blätter oder das Plätschern eines Baches.
    - Nehmen Sie die Gerüche der Umgebung wahr, wie den Duft von Blumen, frischem Gras oder feuchter Erde.

- Betrachten Sie die Farben und Formen der Natur, wie das Grün der Bäume, das Blau des Himmels oder die Muster der Wolken.

- Spüren Sie den Wind auf Ihrer Haut, die Wärme der Sonne oder die Beschaffenheit des Bodens unter Ihren Füßen.

- **Körperbewusstsein:**
  - Spüren Sie, wie sich Ihre Füße beim Gehen anfühlen, wie sich Ihre Muskeln bewegen und wie sich Ihr Körper im Raum bewegt.

  - Achten Sie auf Ihre Atmung und spüren Sie, wie der Atem ein- und ausströmt.

  - Nehmen Sie wahr, wie sich Ihr Körper anfühlt, ob er entspannt oder angespannt ist.

- **Gedanken und Gefühle:**
  - Beobachten Sie Ihre Gedanken und Gefühle, ohne sie zu bewerten. Lassen Sie sie wie Wolken am Himmel vorbeiziehen.

  - Versuchen Sie, sich nicht in Gedankenketten zu verlieren, sondern kehren Sie immer wieder zur Wahrnehmung des gegenwärtigen Moments zurück.

Entschleunigung durch Spazierengehen

Spazierengehen ist eine natürliche Form der Entschleunigung. Im Gegensatz zu schnellen Sportarten ermöglicht es uns, das

Tempo zu reduzieren und die Umgebung bewusst wahrzunehmen.

- **Langsameres Tempo:**

  - Gehen Sie in einem langsamen, entspannten Tempo, das Ihnen guttut.

  - Vermeiden Sie es, sich zu beeilen oder sich von Zeitdruck stressen zu lassen.

- **Pausen einlegen:**

  - Legen Sie regelmäßige Pausen ein, um die Umgebung zu genießen oder einfach nur innezuhalten.

  - Nutzen Sie die Pausen, um Ihre Sinne zu schärfen und die Natur bewusst wahrzunehmen.

- **Zeit ohne Ablenkung:**

  - Lassen Sie Ihr Smartphone zu Hause oder schalten Sie es auf lautlos. Telefonieren Sie nicht und hören Sie auch keine Musik.

  - Nehmen Sie sich bewusst Zeit, um sich von digitalen Ablenkungen zu befreien.

- **Die Schönheit des Augenblicks:**

  - Konzentrieren Sie sich auf die kleinen Freuden des Augenblicks, wie das Zwitschern eines Vogels, das Leuchten einer Blume oder das Gefühl der Sonne auf der Haut.

o   Lassen Sie sich von der Schönheit der Natur ver-
zaubern und genießen Sie den Moment in vollen
Zügen.

Die Vorteile von Achtsamkeit und Entschleunigung

- **Stressabbau:**

    o   Achtsamkeit und Entschleunigung helfen, Stress
    abzubauen und innere Ruhe zu finden.

- **Verbesserung der Konzentration:**

    o   Durch die bewusste Wahrnehmung des gegen-
    wärtigen Moments wird die Konzentration ge-
    stärkt.

- **Stimmungsaufhellung:**

    o   Achtsamkeit und Entschleunigung fördern die
    Ausschüttung von Glückshormonen und verbes-
    sern die Stimmung.

- **Erhöhung der Selbstwahrnehmung:**

    o   Durch die bewusste Wahrnehmung des Körpers
    und der Gedanken wird die Selbstwahrnehmung
    gestärkt.

- **Verbesserung der Lebensqualität:**

    o   Achtsamkeit und Entschleunigung tragen zu ei-
    nem bewussteren und erfüllteren Leben bei.

Spazierengehen ist eine wunderbare Möglichkeit, Achtsamkeit
zu üben und den Geist zu entschleunigen. Es ist eine Einladung,

den Moment bewusst zu erleben und die Schönheit des Augenblicks zu genießen.

Spazierengehen als Auszeit vom Alltag

Der moderne Alltag ist oft geprägt von Hektik, Stress und ständiger Erreichbarkeit. Zwischen Beruf, Familie und sozialen Verpflichtungen bleibt oft wenig Zeit für uns selbst. Spazierengehen bietet eine wunderbare Möglichkeit, dem Alltag zu entfliehen, neue Energie zu tanken und die Seele baumeln zu lassen.

Ein Moment der Ruhe und Entspannung

Ein Spaziergang ist wie ein kleiner Urlaub vom Alltag. Wir lassen den Stress hinter uns, schalten ab und konzentrieren uns auf uns selbst. Die rhythmische Bewegung und die frische Luft wirken beruhigend auf Körper und Geist. Wir können den Kopf frei bekommen, neue Gedanken fassen und uns von der Hektik des Alltags erholen.

Die Natur als Rückzugsort

Besonders in der Natur können wir uns vom Alltagstrubel distanzieren. Wälder, Parks oder Seen bieten eine wohltuende Umgebung, in der wir zur Ruhe kommen können. Das Grün der Bäume, das Zwitschern der Vögel und das Rauschen des Windes wirken beruhigend und entspannend.

Zeit für uns selbst

Ein Spaziergang ist eine bewusste Auszeit, in der wir uns Zeit für uns selbst nehmen. Wir können unsere Gedanken schweifen lassen, uns mit unseren Gefühlen auseinandersetzen oder einfach nur die Stille genießen. Es ist eine Gelegenheit, uns selbst besser kennenzulernen und unsere innere Balance wiederzufinden.

Neue Perspektiven gewinnen

Beim Spazierengehen können wir Abstand zum Alltag gewinnen und neue Perspektiven entwickeln. Wir können Probleme aus einer anderen Sichtweise betrachten, kreative Ideen entwickeln oder einfach nur den Moment genießen. Es ist eine Zeit, in der wir uns von alten Denkmustern lösen und neue Wege beschreiten können.

Die kleinen Freuden des Lebens

Ein Spaziergang ist eine Gelegenheit, die kleinen Freuden des Lebens wiederzuentdecken. Wir können die Schönheit der Natur genießen, die Wärme der Sonne auf der Haut spüren oder einfach nur den Moment in vollen Zügen genießen. Es ist eine Zeit, in der wir uns auf das Wesentliche besinnen und die kleinen Dinge wertschätzen können.

Ein Ritual für mehr Wohlbefinden

Spazierengehen kann zu einem festen Ritual im Alltag werden, das uns hilft, Stress abzubauen und unser Wohlbefinden zu steigern. Ob morgens vor der Arbeit, in der Mittagspause oder abends nach Feierabend – ein Spaziergang ist eine kleine Auszeit, die uns guttut.

Die Ausschüttung von Endorphinen – Verbesserung von Wohlbefinden und Stimmung

Spazierengehen ist mehr als nur eine körperliche Aktivität; es ist ein natürlicher Stimmungsaufheller. Die Ausschüttung von Endorphinen, den körpereigenen Glückshormonen, spielt dabei eine zentrale Rolle. Endorphine sind Neurotransmitter, die im Gehirn produziert werden und eine Vielzahl positiver Effekte auf unseren Körper und Geist haben.

Wie Endorphine wirken

Schmerzlinderung:
Endorphine wirken als natürliche Schmerzmittel, indem sie die Schmerzrezeptoren im Gehirn blockieren. Dies erklärt, warum wir uns nach einem Spaziergang oft weniger schmerzgeplagt fühlen.

Stimmungsaufhellung:
Endorphine erzeugen ein Gefühl der Euphorie und des Wohlbefindens. Sie wirken stimmungsaufhellend und können helfen, Angstzustände und Depressionen zu reduzieren.

Stressabbau:
Endorphine wirken stressreduzierend, indem sie die Ausschüttung von Stresshormonen wie Cortisol hemmen. Sie fördern die Entspannung und helfen, innere Ruhe zu finden.

Verbesserung des Schlafs:
Endorphine können die Schlafqualität verbessern, indem sie die Entspannung fördern und den Schlaf-Wach-Rhythmus regulieren.

Stärkung des Immunsystems:
Einige Studien deuten darauf hin, dass Endorphine das Immunsystem stärken können, indem sie die Aktivität der Immunzellen erhöhen.

Spazierengehen als natürlicher Endorphin-Booster

Regelmäßige Bewegung:
Regelmäßige körperliche Aktivität, wie Spazierengehen, ist ein effektiver Weg, um die Endorphinproduktion anzukurbeln. Bereits 30 Minuten Spazierengehen pro Tag können einen positiven Effekt haben.

Intensität und Dauer:
Die Intensität und Dauer des Spaziergangs spielen eine Rolle bei der Endorphinausschüttung. Ein zügiger Spaziergang oder eine längere Wanderung können die Endorphinproduktion stärker anregen als ein gemütlicher Bummel.

Naturerlebnisse:
Spaziergänge in der Natur haben eine besonders positive Wirkung auf die Endorphinproduktion. Die Kombination aus Bewegung, frischer Luft und Naturerlebnissen verstärkt die stimmungsaufhellende Wirkung.

Soziale Interaktion:
Spaziergänge in Gesellschaft können die Endorphinproduktion zusätzlich anregen. Gemeinsame Erlebnisse und Gespräche fördern das Gefühl der Verbundenheit und des Wohlbefindens.

Tipps für einen Endorphin-fördernden Spaziergang

Gehen Sie regelmäßig spazieren:

Integrieren Sie regelmäßige Spaziergänge in Ihren Alltag, um die Endorphinproduktion kontinuierlich anzukurbeln.
Wählen Sie eine angenehme Umgebung:
Suchen Sie sich eine Umgebung, in der Sie sich wohlfühlen und entspannen können.

Gehen Sie in Ihrem eigenen Tempo:
Lassen Sie sich Zeit und gehen Sie in einem Tempo, das Ihnen guttut.

Genießen Sie die Natur:
Nutzen Sie die Gelegenheit, die Natur bewusst wahrzunehmen und ihre Schönheit zu genießen.

Gehen Sie mit Freunden spazieren:
Verabreden Sie sich mit Freunden oder Familie zu gemeinsamen Spaziergängen.

Die Ausschüttung von Endorphinen ist ein wichtiger Faktor für die positiven Effekte des Spazierengehens auf unsere Stimmung und unser Wohlbefinden.

Spazierengehen als Mittel gegen Depressionen und Angstzustände

Depressionen und Angstzustände sind weit verbreitete psychische Erkrankungen, die das Leben vieler Menschen beeinträchtigen. Die Suche nach wirksamen und schonenden Behandlungsmethoden ist daher von großer Bedeutung. Spazierengehen, eine einfache und zugängliche Form der Bewegung, erweist sich dabei als wertvolle Unterstützung im Kampf gegen diese belastenden Zustände.

Die positiven Auswirkungen von Spazierengehen auf die Psyche

- **Stimmungsaufhellung:**
  - Spazierengehen fördert die Ausschüttung von Endorphinen, den körpereigenen Glückshormonen. Diese Neurotransmitter wirken stimmungsaufhellend und können helfen, depressive Verstimmungen zu lindern.
  - Die Bewegung in der Natur, insbesondere bei Sonnenschein, kann die Produktion von Serotonin anregen, einem weiteren Neurotransmitter, der für die Stimmungsregulation wichtig ist.

- **Stressabbau:**
  - Spazierengehen hilft, Stresshormone wie Cortisol abzubauen und die Ausschüttung von Entspannungshormonen zu fördern.
  - Die rhythmische Bewegung und die frische Luft wirken beruhigend auf das Nervensystem und helfen, Anspannung und Ängste zu reduzieren.

- **Ablenkung von negativen Gedanken:**
  - Beim Spazierengehen können wir uns von negativen Gedanken und Sorgen ablenken. Die Bewegung und die Eindrücke der Umgebung helfen, den Geist zu beruhigen und den Fokus auf das Hier und Jetzt zu lenken.
  - Die Natur bietet eine wohltuende Ablenkung von belastenden Gedanken und hilft, den Geist zu erfrischen.

- **Verbesserung des Schlafs:**
  - Regelmäßige körperliche Aktivität, wie Spazierengehen, kann die Schlafqualität verbessern. Ein erholsamer Schlaf ist wichtig für die psychische Gesundheit und kann helfen, Symptome von Depressionen und Angstzuständen zu reduzieren.

- **Stärkung des Selbstwertgefühls:**
  - Spazierengehen kann dazu beitragen, das Selbstwertgefühl zu stärken. Das Erreichen von kleinen Zielen, wie das Zurücklegen einer bestimmten Strecke, kann Erfolgserlebnisse vermitteln und das Selbstvertrauen stärken.

- **Soziale Interaktion:**
  - Spaziergänge in Gesellschaft können die soziale Interaktion fördern und das Gefühl der Verbundenheit stärken. Soziale Unterstützung ist ein wichtiger Faktor für die psychische Gesundheit und kann helfen, Einsamkeit und Isolation zu reduzieren.

Wie Spazierengehen bei Depressionen und Angstzuständen helfen kann

- **Regelmäßige Bewegung:**
  - Regelmäßige Spaziergänge, idealerweise täglich oder mehrmals pro Woche, sind entscheidend für die positiven Effekte auf die Psyche.
  - Bereits 30 Minuten Spazierengehen pro Tag können einen deutlichen Unterschied machen.

- **Naturerlebnisse:**
    - Spaziergänge in der Natur, sei es im Wald, im Park oder am See, haben eine besonders positive Wirkung auf die psychische Gesundheit.
    - Die grüne Umgebung, die frische Luft und die Geräusche der Natur wirken beruhigend und entspannend.

- **Achtsamkeit:**
    - Nutzen Sie die Zeit beim Spazierengehen, um Achtsamkeit zu üben. Konzentrieren Sie sich auf Ihre Sinne, Ihre Atmung und Ihre Umgebung.
    - Achtsamkeit kann helfen, negative Gedankenmuster zu durchbrechen und den Fokus auf den gegenwärtigen Moment zu lenken.

- **Soziale Unterstützung:**
    - Gehen Sie mit Freunden oder Familie spazieren, um soziale Kontakte zu pflegen und sich auszutauschen.
    - Schließen Sie sich einer Spaziergruppe an, um neue Kontakte zu knüpfen und sich gegenseitig zu motivieren.

Wichtiger Hinweis:

- Spazierengehen kann eine wertvolle Unterstützung bei Depressionen und Angstzuständen sein, ersetzt jedoch nicht die professionelle Behandlung durch einen Arzt oder Therapeuten. Wer an schweren Depressionen leidet, sollte nicht einfach seine Medikamente oder Psychotherapie absetzen, sondern das Spazierengehen als unterstützende Maßnahme sehen, um aus der Depression herauszukommen.

- Bei schweren psychischen Erkrankungen ist es wichtig, sich professionelle Hilfe zu suchen.

Spazierengehen ist eine einfache und effektive Möglichkeit, die psychische Gesundheit zu fördern und Symptome von Depressionen und Angstzuständen zu lindern.

Selbst ein Spaziergang im Regen in der Stadt kann glücklich machen. Probieren Sie es aus. Richtige Regenkleidung vorausgesetzt. Sie sind nicht aus Zucker!

Spazierengehen als Quelle neuer Ideen

In unserem oft von Hektik und Ablenkungen geprägten Alltag fällt es schwer, den Geist frei schweifen zu lassen und neue Ideen zu entwickeln. Spazierengehen erweist sich dabei als ein wahrer Ideengenerator, der uns hilft, kreative Blockaden zu lösen und neue Perspektiven zu gewinnen.

Die befreiende Wirkung der Bewegung

- **Geistige Klarheit:**
  - o Die rhythmische Bewegung beim Spazierengehen fördert die Durchblutung des Gehirns und verbessert die Sauerstoffversorgung. Dies führt zu einer gesteigerten geistigen Klarheit und Konzentration.
  - o Die Ablenkung von digitalen Geräten und Alltagsstress ermöglicht es uns, den Geist frei schweifen zu lassen und neue Gedanken zuzulassen.

- **Lösen von Blockaden:**
  - o Spazierengehen kann helfen, kreative Blockaden zu lösen, indem es uns aus unserem gewohnten Umfeld herausholt und neue Eindrücke vermittelt.
  - o Die Bewegung und die Naturerlebnisse können uns helfen, uns von alten Denkmustern zu lösen und neue Wege zu beschreiten.

Inspiration für verschiedene Lebensbereiche

- **Partnerschaft:**
  - Gemeinsame Spaziergänge können eine wunderbare Gelegenheit sein, um sich auszutauschen, neue Gesprächsthemen zu finden und die Beziehung zu vertiefen.
  - Die entspannte Atmosphäre beim Spazierengehen kann helfen, Konflikte zu lösen und neue gemeinsame Interessen zu entdecken.
  - Spaziergänge in der Natur können romantische Momente schaffen und die Verbundenheit stärken.
- **Wohnraumgestaltung:**
  - Spaziergänge in der Natur können uns inspirieren, natürliche Elemente in unsere Wohnräume zu integrieren, wie z. B. Pflanzen, Naturmaterialien oder natürliche Farben.
  - Die Beobachtung von Farben, Formen und Strukturen in der Natur kann uns helfen, neue Ideen für die Gestaltung unserer Wohnräume zu entwickeln.
  - Spaziergänge durch verschiedene Wohngebiete können uns inspirieren, neue Einrichtungsideen oder architektonische Lösungen zu finden.
- **Berufliche Ideen:**
  - Spaziergänge können uns helfen, neue Ideen für unsere berufliche Entwicklung zu finden, sei es für eine Selbstständigkeit, eine neue Karriere oder die Weiterentwicklung unserer aktuellen Tätigkeit.
  - Die Ruhe und Entspannung beim Spazierengehen ermöglichen es uns, über unsere beruflichen Ziele und Visionen nachzudenken und neue Strategien zu entwickeln.

o   Spaziergänge in verschiedenen Umgebungen können uns inspirieren, neue Geschäftsmodelle oder Produktideen zu entwickeln.

- **Selbstständigkeit:**
  o   Für Selbstständige kann das Spazierengehen ein wertvoller Bestandteil des Arbeitsalltages sein.
  o   Es hilft, von der Arbeit am Bildschirm Abstand zu gewinnen und neue Energie zu tanken.
  o   Das Gehen an der frischen Luft regt das Gehirn an und verbessert die Konzentration, was besonders bei kreativen Prozessen von Vorteil ist.
  o   Bei Spaziergängen können neue Kontakte geknüpft oder bestehende Netzwerke gepflegt werden.
  o   Manchmal ist ein Spaziergang von 1-2 Stunden, bei dem man über mögliche neue Geschäftsideen nachdenkt, sinnvoller als in dieser Zeit wie im Hamsterrad im Büro Routinearbeiten zu verrichten oder Störungen wie Emails oder Telefonaten nachzugehen.

Tipps für ideenreiche Spaziergänge

- **Offenheit und Neugier:**
  o   Gehen Sie mit offenen Augen und neugierigem Geist spazieren.
  o   Nehmen Sie Ihre Umgebung bewusst wahr und lassen Sie sich von neuen Eindrücken inspirieren.

- **Notizen machen:**
    - o Nehmen Sie ein Notizbuch oder Ihr Smartphone mit, um Ideen festzuhalten, die Ihnen beim Spazierengehen kommen.
    - o Skizzieren Sie Ideen oder machen Sie Fotos von Dingen, die Sie inspirieren.

- **Verschiedene Umgebungen:**
    - o Variieren Sie Ihre Spazierwege, um neue Eindrücke zu gewinnen.
    - o Erkunden Sie verschiedene Stadtteile, Parks, Wälder oder Gewässer.

- **Allein oder in Gesellschaft:**
    - o Gehen Sie sowohl allein als auch in Gesellschaft spazieren.
    - o Alleinspaziergänge ermöglichen es Ihnen, sich auf Ihre Gedanken zu konzentrieren, während Spaziergänge in Gesellschaft neue Perspektiven und Ideen liefern können.

Spazierengehen ist eine einfache und effektive Möglichkeit, die Kreativität anzuregen und neue Ideen zu entwickeln. Es ist eine Einladung, den Geist frei schweifen zu lassen und die Schönheit des Augenblicks zu genießen.

Die Natur ist eine unerschöpfliche Quelle der Inspiration und Kreativität. Seit jeher haben Künstler, Schriftsteller, Musiker und Wissenschaftler ihre Inspiration in der Natur gefunden. Die Vielfalt der Formen, Farben, Klänge und Strukturen der Natur regt unsere Sinne an und öffnet unseren Geist für neue Ideen und Perspektiven.

Die Natur als Muse

- **Formen und Muster:**
  - Die Natur ist reich an faszinierenden Formen und Mustern, von den symmetrischen Strukturen von Schneeflocken bis zu den organischen Formen von Pflanzen und Tieren.
  - Die Beobachtung dieser Formen und Muster kann uns inspirieren, neue Designs, Kunstwerke oder architektonische Lösungen zu entwickeln.

- **Farben und Licht:**
  - Die Natur bietet eine unendliche Palette an Farben, von den leuchtenden Farben der Blumen bis zu den sanften Tönen des Sonnenuntergangs.
  - Das Spiel von Licht und Schatten in der Natur kann uns inspirieren, neue Farbkonzepte oder Lichtdesigns zu entwickeln.

- **Klänge und Rhythmen:**
  - Die Natur ist voller Klänge, vom Zwitschern der Vögel bis zum Rauschen des Meeres.

- o Die Rhythmen der Natur, wie der Wechsel der Jahreszeiten oder die Wellen des Meeres, können uns inspirieren, neue musikalische Kompositionen oder Bewegungsabläufe zu entwickeln.

- **Strukturen und Texturen:**
  - o Die Natur bietet eine Vielzahl von Strukturen und Texturen, von der glatten Oberfläche eines Steins bis zur rauen Rinde eines Baumes.
  - o Die Beobachtung dieser Strukturen und Texturen kann uns inspirieren, neue Materialien oder Oberflächen für unsere Projekte zu finden.

Die Natur als Ort der Kontemplation

- **Ruhe und Entspannung:**
  - o Die Natur bietet einen Ort der Ruhe und Entspannung, der uns hilft, dem Alltagsstress zu entfliehen und den Geist frei schweifen zu lassen.
  - o In der Stille der Natur können wir uns auf unsere Gedanken konzentrieren und neue Ideen entwickeln.

- **Verbindung mit dem Unbekannten:**
  - o Die Natur erinnert uns daran, dass wir Teil eines größeren Ganzen sind und dass es noch viel zu entdecken gibt.
  - o Die Begegnung mit dem Unbekannten in der Natur kann uns inspirieren, neue Fragen zu stellen und neue Antworten zu suchen.

- **Inspiration durch Vielfalt:**
  - Die Natur ist voller Vielfalt, von der Artenvielfalt in einem Regenwald bis zur Vielfalt der Landschaften auf der Erde.
  - Die Beobachtung dieser Vielfalt kann uns inspirieren, neue Perspektiven zu gewinnen und unsere eigenen Vorstellungen zu erweitern.

Wie wir die Natur als Inspirationsquelle nutzen können

- **Regelmäßige Aufenthalte in der Natur:**
  - Verbringen Sie regelmäßig Zeit in der Natur, sei es im Park, im Wald oder am See.
  - Nehmen Sie sich Zeit, um die Natur bewusst wahrzunehmen und ihre Schönheit zu genießen.
- **Offenheit und Neugier:**
  - Gehen Sie mit offenen Augen und neugierigem Geist durch die Natur.
  - Lassen Sie sich von neuen Eindrücken inspirieren und stellen Sie Fragen.
- **Notizen und Skizzen:**
  - Halten Sie Ihre Beobachtungen und Ideen in einem Notizbuch oder Skizzenbuch fest.
  - Machen Sie Fotos oder Videos von Dingen, die Sie inspirieren.
- **Künstlerische Ausdrucksformen:**
  - Nutzen Sie die Natur als Inspiration für Ihre künstlerischen Ausdrucksformen, sei es Malerei, Fotografie, Musik oder Schreiben.
  - Versuchen Sie, die Schönheit und Vielfalt der Natur in Ihren Werken einzufangen.

Die Verbindung zur Natur ist ein Geschenk, das uns unendlich viele Möglichkeiten zur Inspiration und Kreativität bietet. Indem wir uns auf die Natur einlassen, können wir unseren Geist öffnen und neue Wege der Inspiration entdecken.

Klarheit und Fokus durch Bewegung

In einer Welt, die von ständiger Ablenkung und Reizüberflutung geprägt ist, fällt es oft schwer, den Geist zu fokussieren und klare Gedanken zu fassen. Spazierengehen erweist sich dabei als ein wirksames Mittel, um die geistige Klarheit zu fördern und den Fokus zu schärfen. Die Bewegung in der Natur oder auch in urbaner Umgebung kann uns helfen, uns von mentalem Ballast zu befreien und neue Perspektiven zu gewinnen.

Die physiologischen Grundlagen

- **Verbesserte Durchblutung des Gehirns**:
    - Körperliche Aktivität, insbesondere aerobe Bewegung wie Spazierengehen, fördert die Durchblutung des Gehirns.
    - Eine bessere Durchblutung bedeutet eine verbesserte Sauerstoffversorgung der Gehirnzellen, was zu einer gesteigerten kognitiven Leistungsfähigkeit führt.

- **Ausschüttung von Neurotransmittern**:
    - Bewegung stimuliert die Ausschüttung von Neurotransmittern wie Dopamin, Serotonin und Noradrenalin, die eine wichtige Rolle bei der

Regulation von Aufmerksamkeit, Konzentration und Stimmung spielen.
- o Diese Neurotransmitter tragen dazu bei, den Geist zu beruhigen und den Fokus zu schärfen.

- **Reduktion von Stresshormonen:**
  - o Spazierengehen hilft, Stresshormone wie Cortisol abzubauen, die die kognitive Funktion beeinträchtigen können.
  - o Ein niedrigerer Stresslevel ermöglicht es uns, klarer zu denken und uns besser zu konzentrieren.

Die psychologischen Effekte

- **Ablenkung von Ablenkungen:**
  - o Beim Spazierengehen können wir uns von digitalen Ablenkungen und Alltagsstress befreien.
  - o Die Bewegung und die Eindrücke der Umgebung helfen, den Geist zu beruhigen und den Fokus auf das Hier und Jetzt zu lenken.

- **Mentale Pausen:**
  - o Spazierengehen bietet die Möglichkeit, mentale Pausen einzulegen und den Geist zu erfrischen.
  - o Diese Pausen können helfen, die Konzentration zu verbessern und die geistige Leistungsfähigkeit zu steigern.

- **Förderung der Achtsamkeit**:
    - o Spazierengehen kann uns helfen, Achtsamkeit zu üben, indem wir uns auf unsere Sinne und unsere Umgebung konzentrieren.
    - o Achtsamkeit trägt dazu bei, den Geist zu beruhigen und den Fokus zu schärfen.

- **Strukturierung von Gedanken**:
    - o Die rhythmische Bewegung beim Spazierengehen kann uns helfen, unsere Gedanken zu strukturieren und Probleme zu lösen.
    - o Die Bewegung kann uns helfen, neue Perspektiven zu gewinnen und kreative Lösungen zu finden.

Praktische Tipps für mehr Klarheit und Fokus:

- **Regelmäßige Spaziergänge**:
    - o Integrieren Sie regelmäßige Spaziergänge in Ihren Alltag, um die kognitive Funktion kontinuierlich zu verbessern.

- **Spaziergänge in der Natur**:
    - o Suchen Sie sich Spazierwege in der Natur, um die beruhigende Wirkung der Natur zu nutzen.

- **Achtsames Spazierengehen**:
    - o Konzentrieren Sie sich beim Spazierengehen auf Ihre Sinne und Ihre Umgebung, um Achtsamkeit zu üben.

- **Spaziergänge vor wichtigen Aufgaben**:
    - o Machen Sie einen kurzen Spaziergang, bevor Sie sich wichtigen Aufgaben widmen, um die Konzentration zu verbessern.

- **Spaziergänge bei Problemen**:
    - o Nutzen Sie Spaziergänge, um Probleme zu lösen und neue Ideen zu entwickeln.

Spazierengehen ist eine einfache und effektive Möglichkeit, die geistige Klarheit zu fördern und den Fokus zu schärfen. Indem wir uns regelmäßig bewegen, können wir unsere kognitive Leistungsfähigkeit verbessern und ein klareres und fokussierteres Leben führen.

Kapitel 7: Die richtige Ausrüstung und Vorbereitung

Das Schöne am Spazierengehen ist: Man braucht keine elendig teure Ausrüstung, keine Sporttasche, keine Funktionskleidung, sondern kann den Anfang mit dem machen, was man ohnehin schon hat: Schuhe, Hose, Oberteil und Jacke, wenn es kalt ist. Mantel und Mütze hat auch jeder. Da muss keine Marke draufstehen, da guckt keiner blöd. Einfach machen. Natürlich macht es Sinn, wenn die Schuhe vernünftig sind, dass man nicht gleich nach den ersten zehn Minuten ein Hühnerauge und Blasen bekommt.

Das Schöne am Spazierengehen ist ja, dass man eben keine große Vorbereitung oder Umzieh-Aktionen braucht. Wenn man sich später etwas kaufen möchte, dann sind die folgenden Hinweise sicher hilfreich:

Bequeme Schuhe und Kleidung

Ein angenehmer Spaziergang beginnt mit der richtigen Ausrüstung. Bequeme Schuhe und funktionelle Kleidung sind entscheidend, um den Spaziergang in vollen Zügen genießen zu können und Verletzungen vorzubeugen.

Die Wahl der richtigen Schuhe

- **Passform:**
  - Die Schuhe sollten gut passen und weder zu eng noch zu weit sein.

- Achten Sie darauf, dass die Zehen genügend Platz haben und nicht anstoßen.

- Probieren Sie die Schuhe am besten am Nachmittag an, da die Füße im Laufe des Tages anschwellen können.

- **Sohle:**

  - Eine flexible und gut dämpfende Sohle ist wichtig, um Stöße abzufedern und die Gelenke zu schonen.

  - Achten Sie auf ein gutes Profil, um auf verschiedenen Untergründen Halt zu haben.

- **Material:**

  - Atmungsaktive Materialien wie Leder oder Mesh sorgen für ein angenehmes Fußklima.

  - Vermeiden Sie Schuhe aus Kunststoff, da diese zu Schweißfüßen führen können.

- **Art des Schuhs:**

  - Für normale Spaziergänge eignen sich bequeme Sneaker, Walking-Schuhe oder leichte Wanderschuhe.

  - Für längere Wanderungen oder unwegsames Gelände sind Wanderschuhe mit Knöchelschutz empfehlenswert.

  - Für Menschen mit Problemfüßen, wie zum Beispiel Hallux Valgus, oder geschwollenen Füßen gibt es eine große Auswahl an extraweiten Schuhen.

- **Einlegesohlen:**

  - o Einlegesohlen können zusätzlichen Komfort und Unterstützung bieten.

  - o Orthopädische Einlagen können bei Fußproblemen helfen.

Die richtige Kleidung

- **Atmungsaktivität:**

  - o Wählen Sie Kleidung aus atmungsaktiven Materialien wie Baumwolle, Funktionsfasern oder Merinowolle.

  - o Diese Materialien transportieren den Schweiß nach außen und sorgen für ein angenehmes Körperklima.

- **Schichtsystem:**

  - o Das Schichtsystem ist ideal für Spaziergänge bei wechselhaftem Wetter.

  - o Die unterste Schicht sollte aus atmungsaktiver Funktionswäsche bestehen, die den Schweiß ableitet.

  - o Die mittlere Schicht, z. B. ein Fleece-Pullover, wärmt bei Bedarf.

  - o Die oberste Schicht, z. B. eine Regenjacke, schützt vor Wind und Regen.

- **Bewegungsfreiheit:**
    - Achten Sie darauf, dass die Kleidung nicht einengt und genügend Bewegungsfreiheit bietet.
    - Besonders wichtig ist dies bei Hosen und Jacken.
- **Sichtbarkeit:**
    - Bei Spaziergängen in der Dämmerung oder Dunkelheit ist es wichtig, gut sichtbar zu sein.
    - Tragen Sie helle Kleidung oder reflektierende Elemente.
- **Wetterschutz:**
    - Bei Regen oder Wind ist eine wasser- und winddichte Jacke unerlässlich.
    - Eine Kopfbedeckung schützt vor Sonne, Regen und Kälte.
- **Socken:**
    - Funktionssocken sind am besten geeignet, sie leiten Feuchtigkeit ab und verhindern Blasen.
    - Bei kalten Temperaturen sorgen Wollsocken für warme Füße.

Zusätzliche Tipps

- **Anpassen an die Jahreszeit:**
    - Passen Sie Ihre Kleidung an die jeweilige Jahreszeit an.

- o Im Sommer sind leichte und luftige Kleidungs-
  stücke ideal, im Winter warme und isolierende.

- **Persönliche Vorlieben:**

  - o Wählen Sie Kleidung, in der Sie sich wohlfühlen
    und die Ihrem persönlichen Stil entspricht.

- **Funktionskleidung:**

  - o Funktionskleidung ist oft teurer als normale
    Kleidung, sie ist aber sehr atmungsaktiv.

- **Probetragen:**

  - o Tragen Sie die neuen Schuhe und Kleidung vor
    dem ersten langen Spaziergang probeweise.

Mit der richtigen Ausrüstung steht einem angenehmen und un-
beschwerten Spaziergang nichts mehr im Wege.

Die richtige Kleidung ist wichtig. Bei Regen darf es auch ein Regenhut sein. Oder ein Ostfriesennerz. Es gibt kein schlechtes Wetter, nur schlechte Kleidung. Was von oben runter kommt, ist nur Wasser. Freuen Sie sich über die Elemente der Natur. Auch über Wasser von oben. Alles eine Einstellungssache. Und eine Sache der richtigen Kleidung.

Scheint die Sonne stark, ist eine Sonnenbrille als Schutz vor den UV-Strahlen wichtig. Das macht das Gehen auch weniger anstrengend, weil man weniger blinzeln muss. Hier bei einem Stadtspaziergang mit Rucksack, in dem sich die Wasserflasche und ein Handtuch befindet.

Ein gut vorbereiteter Spaziergang ist ein Spaziergang, der Spaß macht. Neben bequemen Schuhen und passender Kleidung gibt es einige Utensilien, die unterwegs nützlich sein können.

Für jeden Spaziergang

- **Wasser:**

  o Ausreichend Flüssigkeit ist besonders bei längeren Spaziergängen wichtig. Hier reicht meist eine kleine Flasche Wasser (ohne Kohlensäure).

  o Eine wiederverwendbare Wasserflasche ist umweltfreundlich und praktisch.

- **Snacks:**

  o Ein kleiner Snack, wie ein Apfel, eine Banane oder ein Müsliriegel, gibt neue Energie für unterwegs.

  o Besonders bei längeren Spaziergängen oder Wanderungen sind Snacks wichtig.

- **Handy:**

  o Das Handy ist nützlich für Notfälle, zum Fotografieren oder zur Navigation.

  o Eine Powerbank kann bei längeren Spaziergängen hilfreich sein.

- **Karte oder GPS-Gerät:**

  o Bei unbekannten Strecken ist eine Karte oder ein GPS-Gerät hilfreich, um sich zu orientieren.

- o Auch Wander-Apps können bei der Navigation helfen.

- **Sonnenschutz:**

  - o Sonnencreme, Sonnenbrille und eine Kopfbedeckung schützen vor schädlicher UV-Strahlung.

  - o Besonders bei Spaziergängen in sonnigen Gebieten oder in den Bergen ist Sonnenschutz wichtig.

- **Erste-Hilfe-Set:**

  - o Ein kleines Erste-Hilfe-Set mit Pflaster, Desinfektionsmittel und Verbandsmaterial ist nützlich für kleine Verletzungen.

  - o Nur bei längeren Wanderungen oder in abgelegenen Gebieten ist ein umfangreicheres Erste-Hilfe-Set empfehlenswert.

- **Taschentücher oder Feuchttücher:**

  - o Taschentücher oder Feuchttücher sind nützlich für kleine Verschmutzungen oder zur Reinigung der Hände.

Für spezielle Spaziergänge

- **Wanderstöcke:**

  - o Wanderstöcke entlasten die Gelenke und verbessern die Balance, besonders bei Bergwanderungen.

  - o Sie können auch bei längeren Spaziergängen auf ebenem Gelände hilfreich sein.

- **Regenschutz:**

  - Eine Regenjacke oder ein Regenschirm schützt bei Regen vor Nässe.

  - Besonders bei Spaziergängen in regnerischen Gebieten oder in den Bergen ist Regenschutz wichtig.

- **Taschenlampe oder Stirnlampe:**

  - Bei Spaziergängen in der Dämmerung oder Dunkelheit ist eine Taschenlampe oder Stirnlampe wichtig, um den Weg zu sehen.

  - Besonders bei Spaziergängen in abgelegenen Gebieten oder in den Bergen ist eine Lichtquelle wichtig.

- **Fernglas:**

  - Ein Fernglas ist nützlich, um Tiere oder Landschaften in der Ferne zu beobachten.

  - Besonders bei Spaziergängen in der Natur oder in den Bergen ist ein Fernglas empfehlenswert.

- **Fotoapparat oder Kamera:**

  - Ein Fotoapparat oder eine Kamera ist nützlich, um schöne Momente oder Landschaften festzuhalten.

  - Besonders bei Spaziergängen in der Natur oder in den Bergen ist eine Kamera empfehlenswert.

Zusätzliche Tipps

- **Packen Sie leicht:**

- o Nehmen Sie nur die wichtigsten Utensilien mit, um den Spaziergang nicht unnötig zu erschweren.

- **Verteilen Sie das Gewicht:**

  - o Verteilen Sie das Gewicht gleichmäßig im Rucksack, um Rückenprobleme zu vermeiden.

- **Passen Sie die Ausrüstung an:**

  - o Passen Sie die Ausrüstung an die Art des Spaziergangs, die Dauer und die Wetterbedingungen an.

Mit der richtigen Ausrüstung sind Sie für jeden Spaziergang bestens gerüstet. Wer auf Nummer sicher gehen will, nimmt sein Smartphone mit, um bei Unfällen jemanden anrufen zu können. Das Smartphone sollte aber während des Spazierengehens im Normal nicht genutzt werden und auf lautlos stehen.

Sicherheitstipps für Spaziergänge

Spazierengehen ist eine gesunde und angenehme Aktivität, aber wie bei jeder Aktivität im Freien gibt es einige Sicherheitsaspekte zu beachten. Mit den richtigen Vorsichtsmaßnahmen können Sie Ihre Spaziergänge sicher und unbeschwert genießen.

Allgemeine Sicherheitstipps

- **Planung:**

- o Informieren Sie sich vor dem Spaziergang über die Strecke, die Länge und die Wetterbedingungen.

- o Planen Sie Ihre Route und informieren Sie eine Vertrauensperson über Ihre geplante Route und Ihre voraussichtliche Rückkehrzeit.

- **Ausrüstung:**

  - o Tragen Sie bequeme Schuhe und wetterangepasste Kleidung.

  - o Nehmen Sie ausreichend Wasser und bei längeren Spaziergängen ggf. einen kleinen Snack mit.

  - o Bei Spaziergängen in der Dämmerung oder Dunkelheit ist eine Taschenlampe oder Stirnlampe wichtig.

  - o Ein Handy für Notfälle sollte immer dabei sein.

- **Aufmerksamkeit:**

  - o Seien Sie aufmerksam und beobachten Sie Ihre Umgebung.

  - o Achten Sie auf unebene Stellen, Wurzeln oder andere Hindernisse.

  - o Vermeiden Sie es, während des Gehens auf Ihr Handy zu schauen oder Kopfhörer zu tragen, um Ihre Aufmerksamkeit nicht einzuschränken.

- **Sichtbarkeit:**

  - o Tragen Sie helle oder reflektierende Kleidung, um bei Dämmerung oder Dunkelheit gut sichtbar zu sein.

- **Wetterbedingungen:**
    - o Achten Sie auf die Wettervorhersage und passen Sie Ihre Spaziergänge den Wetterbedingungen an.
    - o Vermeiden Sie Spaziergänge bei Gewitter, Sturm oder extremer Hitze.
- **Erste Hilfe:**
    - o Ein kleines Erste-Hilfe-Set sollte bei längeren Spaziergängen oder Wanderungen dabei sein.
    - o Informieren Sie sich über grundlegende Erste-Hilfe-Maßnahmen.

Sicherheitstipps für spezielle Umgebungen

- **Spaziergänge in der Stadt:**
    - o Achten Sie auf den Verkehr und überqueren Sie Straßen nur an sicheren Stellen.
    - o Vermeiden Sie dunkle oder abgelegene Gassen.
    - o Achten Sie auf Ihre Wertsachen und vermeiden Sie es, diese offen zu zeigen.
- **Spaziergänge in der Natur:**
    - o Bleiben Sie auf markierten Wegen und vermeiden Sie es, in unwegsames Gelände zu gehen.
    - o Achten Sie auf Tiere und vermeiden Sie es, sie zu stören.
    - o Informieren Sie sich über mögliche Gefahren, wie z. B. giftige Pflanzen oder Insekten.

- Bei Spaziergängen in den Bergen ist es wichtig, sich über die Wetterbedingungen und mögliche Gefahren wie Steinschlag oder Lawinen zu informieren.

- **Spaziergänge am Wasser:**

  - Achten Sie auf rutschige Stellen und vermeiden Sie es, zu nah an den Rand von Gewässern zu gehen.

  - Schwimmen Sie nur an sicheren Stellen und beachten Sie die örtlichen Baderegeln.

Sicherheitstipps für Alleinstehende

- **Informieren Sie eine Vertrauensperson:**

  - Informieren Sie eine Vertrauensperson über Ihre geplante Route und Ihre voraussichtliche Rückkehrzeit.

- **Gehen Sie tagsüber spazieren:**

  - Wenn möglich, gehen Sie tagsüber spazieren, wenn es hell ist und mehr Menschen unterwegs sind.

- **Nehmen Sie ein Handy mit:**

  - Nehmen Sie ein Handy mit, um im Notfall Hilfe rufen zu können.

- **Vertrauen Sie Ihrem Instinkt:**

  - Wenn Sie sich unwohl fühlen, verlassen Sie die Gegend und suchen Sie einen sicheren Ort auf.

Mit diesen Sicherheitstipps können Sie Ihre Spaziergänge sicher und unbeschwert genießen.

Kapitel 8: Spazierwege und Routen

Natürlich ist es in der Natur zwischen Bäumen, Feldern und Wiesen schöner zu laufen als in der Innenstadt von Frankfurt. Aber suchen Sie keine Ausreden: Es ist besser in einer Stadt um fünf Häuserblocks zu laufen als gar nicht zu laufen. Laufen Sie lieber in Ihrer Wohngegend um die Häuser als gar nicht zu laufen. Variieren Sie dann ggf. die Routen, damit es nicht so langweilig wird.

Spaziergänge in der Stadt, im Park und in der Natur

Spazierengehen ist eine vielseitige Aktivität, die sich an unterschiedliche Umgebungen anpassen lässt. Ob in der belebten Stadt, im ruhigen Park oder in der unberührten Natur – jede Umgebung bietet einzigartige Erlebnisse und Vorteile.

Spaziergänge in der Stadt

- **Entdeckungstouren:**
    - Städte bieten eine Vielzahl von Sehenswürdigkeiten, historischen Gebäuden, Kunstwerken und kulturellen Attraktionen.
    - Spaziergänge in der Stadt können zu spannenden Entdeckungstouren werden, bei denen man neue Orte und Perspektiven kennenlernt.
- **Urbanes Flair:**

- o Das pulsierende Leben in der Stadt, die Geräusche, Gerüche und die Vielfalt der Menschen schaffen eine lebendige Atmosphäre.

  - o Spaziergänge in der Stadt können inspirierend sein und neue Energie geben.

- **Praktische Wege:**

  - o In der Stadt können Spaziergänge auch praktische Wege ersetzen, wie z. B. der Gang zum Supermarkt, zur Arbeit oder zu Freunden.

  - o So lässt sich Bewegung leicht in den Alltag integrieren.

- **Kreativität:**

  - o Die architektonische Vielfalt, die Menschen, die Geräusche, die Gerüche, die Farben, die Geräusche regen zu kreativen Gedanken an.

Spaziergänge im Park

- **Grüne Oasen:**

  - o Parks sind grüne Oasen inmitten der Stadt, die Ruhe und Entspannung bieten.

  - o Die Natur im Park, Bäume, Blumen und Grünflächen, wirkt beruhigend und stressabbauend.

- **Freizeitaktivitäten:**

  - o Parks bieten oft Möglichkeiten für verschiedene Freizeitaktivitäten, wie z. B. Picknicken, Ballspielen oder Yoga.

- Spaziergänge im Park lassen sich gut mit anderen Aktivitäten kombinieren.

- **Soziale Kontakte:**

  - Parks sind Orte, an denen Menschen zusammenkommen, um sich zu entspannen, zu plaudern oder Sport zu treiben.

  - Spaziergänge im Park können soziale Kontakte fördern und das Gemeinschaftsgefühl stärken.

Spaziergänge in der Natur

- **Naturerlebnisse:**

  - Spaziergänge in der Natur, in Wäldern, Bergen oder an Seen, ermöglichen intensive Naturerlebnisse.

  - Die frische Luft, die Geräusche der Natur und die unberührte Landschaft wirken belebend und inspirierend.

- **Entschleunigung:**

  - Die Ruhe und Weite der Natur helfen, dem Alltagsstress zu entfliehen und den Geist zu entschleunigen.

  - Spaziergänge in der Natur sind ideal, um neue Energie zu tanken und innere Balance zu finden.

- **Abenteuer:**

- o Wanderungen in den Bergen oder Erkundungstouren in unbekannten Gebieten können zu kleinen Abenteuern werden.

- o Spaziergänge in der Natur fördern das Gefühl von Freiheit und Unabhängigkeit.

- **Kreativität:**

  - o Die Natur ist eine unendliche Quelle der Inspiration und Kreativität.

  - o Die Vielfalt der Formen, Farben und Strukturen der Natur regt die Fantasie an und fördert neue Ideen.

Tipps für abwechslungsreiche Spaziergänge

- **Variieren Sie Ihre Strecken:**

  - o Erkunden Sie verschiedene Stadtteile, Parks oder Naturgebiete, um neue Eindrücke zu gewinnen.

- **Nutzen Sie öffentliche Verkehrsmittel:**

  - o Fahren Sie mit Bus oder Bahn in andere Stadtteile oder Naturgebiete, um neue Spazierwege zu entdecken.

- **Nehmen Sie sich Zeit:**

  - o Planen Sie ausreichend Zeit für Ihre Spaziergänge ein, um die Umgebung bewusst wahrzunehmen.

- **Gehen Sie zu verschiedenen Tageszeiten spazieren:**

- o Jeder Tageszeitpunkt hat seine eigene Atmo-
     sphäre und bietet unterschiedliche Eindrücke.

- **Gehen Sie mit Freunden spazieren:**

  - o Gemeinsame Spaziergänge machen mehr Spaß
       und bieten die Möglichkeit, sich auszutauschen.

Jede Umgebung hat ihren eigenen Charme und bietet einzigartige Möglichkeiten für Spaziergänge. Ob in der Stadt, im Park
oder in der Natur – Spazierengehen ist eine wunderbare Möglichkeit, sich zu bewegen, die Umgebung zu genießen und neue
Energie zu tanken.

Spaziergänge in der Natur sind etwas Wunderbares, hier im Schwarzwald und ausnahmsweise mit Kopfhörern für ein kurzes Telefonat. Verzichten Sie weitgehend auf Kopfhörer, - genießen Sie Natur pur.

Spazierengehen muss nicht immer nur ein einfacher Gang durch die Natur oder die Stadt sein. Themenwege und geführte Spaziergänge bieten eine spannende Möglichkeit, das Spazierengehen mit neuen Inhalten und Erlebnissen zu verbinden.

Themenwege

- **Was sind Themenwege?**

  o Themenwege sind speziell angelegte Wanderwege, die sich einem bestimmten Thema widmen.

  o Sie bieten informative Tafeln, interaktive Stationen oder künstlerische Installationen, die das Thema auf anschauliche Weise vermitteln.

- **Vielfalt der Themen:**

  o Die Themen von Wanderwegen sind vielfältig und reichen von Natur- und Kulturgeschichte über Kunst und Literatur bis hin zu speziellen Interessengebieten wie Geologie, Botanik oder Astronomie.

  o Es gibt Themenwege für Familien, Kinder, Senioren oder spezielle Zielgruppen wie Vogelbeobachter oder Pilzsammler.

- **Vorteile von Themenwegen:**

  o Themenwege bieten eine interessante und abwechslungsreiche Möglichkeit, die Umgebung kennenzulernen.

- Sie vermitteln Wissen auf spielerische Weise und fördern die Neugierde.

- Sie sind oft gut ausgeschildert und bieten eine sichere und komfortable Möglichkeit, die Natur oder die Stadt zu erkunden.

- **Beispiele für Themenwege:**

  - Naturlehrpfade: Vermitteln Wissen über die heimische Flora und Fauna.

  - Kulturhistorische Wege: Führen zu historischen Stätten und erzählen von der Geschichte der Region.

  - Kunstwege: Präsentieren Kunstwerke im öffentlichen Raum.

  - Sagenhafte Wege: Erzählen von Mythen und Legenden der Region.

Geführte Spaziergänge

- **Was sind geführte Spaziergänge?**

  - Geführte Spaziergänge werden von erfahrenen Guides geleitet, die ihr Wissen über die Umgebung oder ein bestimmtes Thema teilen.

  - Sie bieten die Möglichkeit, neue Orte kennenzulernen, interessante Geschichten zu hören und sich mit anderen Teilnehmern auszutauschen.

- **Vielfalt der Führungen:**

  - Geführte Spaziergänge gibt es zu verschiedenen Themen, wie z. B. Stadtführungen,

Naturführungen, kulinarische Führungen oder historische Führungen.

- o Sie werden von verschiedenen Organisationen angeboten, wie z. B. Tourismusbüros, Naturparks, Museen oder Vereinen.

- **Vorteile von geführten Spaziergängen:**

  - o Geführte Spaziergänge bieten die Möglichkeit, von Expertenwissen zu profitieren und neue Perspektiven zu gewinnen.

  - o Sie sind eine gute Möglichkeit, neue Leute kennenzulernen und sich mit Gleichgesinnten auszutauschen.

  - o Sie bieten oft Zugang zu Orten oder Informationen, die man allein nicht entdecken würde.

- **Beispiele für geführte Spaziergänge:**

  - o Stadtführungen: Zeigen die Sehenswürdigkeiten und erzählen von der Geschichte der Stadt.

  - o Naturführungen: Erklären die heimische Flora und Fauna und zeigen versteckte Schönheiten der Natur.

  - o Kulinarische Führungen: Führen zu lokalen Spezialitäten und erzählen von der Esskultur der Region.

  - o Historische Führungen: Erzählen von der Geschichte bestimmter Orte oder Ereignisse.

Tipps für die Wahl des richtigen Themenwegs oder geführten Spaziergangs

- **Interessen:**
  - Wählen Sie einen Themenweg oder geführten Spaziergang, der Ihren Interessen entspricht.

- **Schwierigkeitsgrad:**
  - Achten Sie auf den Schwierigkeitsgrad des Weges oder der Führung, um sicherzustellen, dass er Ihren Fähigkeiten entspricht.

- **Dauer:**
  - Informieren Sie sich über die Dauer des Weges oder der Führung, um sicherzustellen, dass er in Ihren Zeitplan passt.

- **Bewertungen:**
  - Lesen Sie Bewertungen von anderen Teilnehmern, um sich ein Bild von der Qualität des Weges oder der Führung zu machen.

- **Anmeldung:**
  - Melden Sie sich rechtzeitig an, da geführte Spaziergänge oft ausgebucht sind.

Themenwege und geführte Spaziergänge bieten eine spannende Möglichkeit, das Spazierengehen mit neuen Inhalten und Erlebnissen zu verbinden.

Jede Jahreszeit hat ihren eigenen Charme und bietet einzigartige Möglichkeiten für Spaziergänge. Die wechselnden Farben, Temperaturen und Geräusche der Natur machen jeden Spaziergang zu einem besonderen Erlebnis.

Frühling

- **Erwachen der Natur:**
    - Der Frühling ist die Zeit des Neubeginns. Die Natur erwacht zu neuem Leben, Knospen sprießen, Blumen blühen und Vögel zwitschern.
    - Spaziergänge im Frühling sind eine Wohltat für die Sinne und helfen, neue Energie zu tanken.

- **Temperaturen:**
    - Die Temperaturen sind mild und angenehm, ideal für längere Spaziergänge.
    - Achten Sie jedoch auf wechselhaftes Wetter und nehmen Sie eine leichte Regenjacke mit.

- **Besondere Erlebnisse:**
    - Beobachten Sie das Erwachen der Natur, die ersten Frühlingsblumen und die Rückkehr der Zugvögel.
    - Genießen Sie die frische Luft und die wärmende Sonne.

Sommer

- **Üppige Natur:**

  - Im Sommer präsentiert sich die Natur in ihrer vollen Pracht. Bäume und Wiesen sind sattgrün, Blumen blühen in allen Farben und die Luft ist erfüllt vom Duft von Kräutern und Blüten.

  - Spaziergänge im Sommer sind eine Freude für die Augen und die Seele.

- **Temperaturen:**

  - Die Temperaturen können hoch sein, daher sind Spaziergänge am frühen Morgen oder späten Abend empfehlenswert.

  - Tragen Sie leichte, atmungsaktive Kleidung und achten Sie auf ausreichend Sonnenschutz.

- **Besondere Erlebnisse:**

  - Genießen Sie die langen Tage und lauen Abende im Freien.

  - Suchen Sie schattige Plätze auf, z. B. in Wäldern oder Parks.

  - Nutzen Sie die Gelegenheit, in Seen oder Flüssen zu schwimmen oder sich abzukühlen.

Herbst

- **Farbenspiel:**

  - Der Herbst ist die Jahreszeit der Farben. Die Blätter der Bäume verfärben sich in leuchtenden Rot-, Orange- und Gelbtönen und bilden ein beeindruckendes Naturschauspiel.

- o Spaziergänge im Herbst sind ein Fest für die Sinne und bieten unvergessliche Fotomotive.

- **Temperaturen:**

  - o Die Temperaturen sind mild und angenehm, ideal für ausgedehnte Spaziergänge.

  - o Achten Sie jedoch auf fallendes Laub, das rutschig sein kann.

- **Besondere Erlebnisse:**

  - o Genießen Sie das Farbenspiel der Natur und die klare Luft.

  - o Sammeln Sie Kastanien, Eicheln oder bunte Blätter.

  - o Beobachten Sie die Nebelschwaden, die morgens über Wiesen und Felder ziehen.

  - o

Winter

- **Stille und Ruhe:**

  - o Der Winter ist die Zeit der Stille und Ruhe. Die Natur ist in einen sanften Winterschlaf versunken und die Landschaft präsentiert sich in einem weißen Kleid.

  - o Spaziergänge im Winter sind eine Wohltat für die Seele und helfen, dem Alltagsstress zu entfliehen.

- **Temperaturen:**
  - o Die Temperaturen können kalt sein, daher ist warme, wetterfeste Kleidung unerlässlich.
  - o Achten Sie auf Glätte und tragen Sie Schuhe mit gutem Profil.
- **Besondere Erlebnisse:**
  - o Genießen Sie die Stille und Ruhe der winterlichen Landschaft.
  - o Beobachten Sie Schneeflocken, Eiszapfen und Tiere, die sich in den Schnee zurückgezogen haben.
  - o Wärmen Sie sich nach dem Spaziergang mit einem heißen Tee oder Kakao auf.

Tipps für Spaziergänge in jeder Jahreszeit

- **Passen Sie Ihre Kleidung an die Wetterbedingungen an.**
- **Achten Sie auf geeignetes Schuhwerk.**
- **Nehmen Sie ausreichend Flüssigkeit und ggf. einen kleinen Snack mit.**
- **Informieren Sie sich über die Wettervorhersage.**
- **Genießen Sie die Schönheit der Natur und die Besonderheiten jeder Jahreszeit.**

Kapitel 9: Spazierengehen als soziale Aktivität

Wenn Sie sich allein nicht aufraffen können, spazieren zu gehen, suchen Sie sich Verbündete: Die Freundin, den Freund, Bekannte, einen Verein, eine Gruppe...was auch immer, Hauptsache, Sie gehen spazieren. Aber probieren Sie unbedingt auch aus, allein spazieren zu gehen. Dann bekommen Sie den Kopf frei.

Spaziergänge mit Freunden und Familie

Spazierengehen ist nicht nur eine individuelle Aktivität, sondern auch eine wunderbare Möglichkeit, Zeit mit Freunden und Familie zu verbringen. Gemeinsame Spaziergänge stärken die Beziehungen, schaffen gemeinsame Erlebnisse und fördern das Wohlbefinden aller Beteiligten.

Gemeinsame Zeit im Freien

- **Qualitätszeit oder wie man heute sagt „Quality time":**
  - In unserem hektischen Alltag bleibt oft wenig Zeit für gemeinsame Aktivitäten. Spaziergänge bieten die Möglichkeit, ungestört Zeit miteinander zu verbringen und sich auf das Wesentliche zu konzentrieren.
  - Die Natur bietet eine entspannte Atmosphäre, in der Gespräche leichter fließen und man sich besser kennenlernen kann.

- **Gemeinsame Erlebnisse:**
  - Gemeinsame Spaziergänge schaffen unvergessliche Erlebnisse und Erinnerungen.

- o Ob man die Natur erkundet, Sehenswürdigkeiten entdeckt oder einfach nur plaudert – die gemeinsame Zeit im Freien verbindet.

- **Generationenübergreifend:**

  - o Spazierengehen ist eine Aktivität, die sich für alle Altersgruppen eignet.

  - o Gemeinsame Spaziergänge können generationenübergreifende Erlebnisse schaffen und den Austausch zwischen Jung und Alt fördern.

Vorteile für die Beziehungen

- **Stärkung der Bindung:**

  - o Gemeinsame Spaziergänge stärken die Bindung zwischen Freunden und Familienmitgliedern.

  - o Die gemeinsame Aktivität und die Gespräche im Freien fördern das Vertrauen und die Nähe.

- **Verbesserung der Kommunikation:**

  - o Beim Spazierengehen können Gespräche leichter fließen als in geschlossenen Räumen.

  - o Die entspannte Atmosphäre und die Bewegung fördern den Austausch von Gedanken und Gefühlen.

- **Konfliktlösung:**

  - o Gemeinsame Spaziergänge können helfen, Konflikte zu lösen und Missverständnisse auszuräumen.

- o Die Bewegung und die frische Luft wirken beruhigend und fördern die Bereitschaft zur Versöhnung.

Planung und Gestaltung von Spaziergängen mit Freunden und Familie

- **Gemeinsame Planung:**
  - o Planen Sie die Spaziergänge gemeinsam mit Ihren Freunden oder Familienmitgliedern.
  - o Berücksichtigen Sie die Interessen und Fähigkeiten aller Beteiligten.

- **Abwechslungsreiche Strecken:**
  - o Wählen Sie abwechslungsreiche Strecken, die für alle Beteiligten interessant sind.
  - o Kombinieren Sie Naturerlebnisse mit kulturellen Sehenswürdigkeiten oder kulinarischen Pausen.

- **Pausen einlegen:**
  - o Planen Sie regelmäßige Pausen ein, um sich auszuruhen, zu plaudern oder die Umgebung zu genießen.
  - o Nehmen Sie ausreichend Verpflegung und Getränke mit.

- **Spiele und Aktivitäten:**
  - o Gestalten Sie die Spaziergänge abwechslungsreich mit Spielen, Rätseln oder Naturbeobachtungen.

- Besonders für Kinder sind Spiele und Aktivitäten eine gute Möglichkeit, die Spaziergänge spannend zu gestalten.

- **Themen-Spaziergänge:**

  - Organisieren Sie Themen-Spaziergänge, z.B. eine Kräuterwanderung, eine Vogelbeobachtungstour oder eine Stadtrallye.

  - Themen-Spaziergänge bieten die Möglichkeit, neue Dinge zu lernen und gemeinsam zu entdecken.

Tipps für gelungene Spaziergänge mit Freunden und Familie

- **Flexibilität:**

  - Seien Sie flexibel und passen Sie die Spaziergänge an die Bedürfnisse und Wünsche aller Beteiligten an.

- **Geduld:**

  - Haben Sie Geduld und nehmen Sie Rücksicht auf die unterschiedlichen Tempos und Fähigkeiten.

- **Humor:**

  - Bringen Sie Humor mit und lachen Sie gemeinsam.

- **Achtsamkeit:**

  - Nehmen Sie sich Zeit, um die gemeinsame Zeit bewusst zu genießen und die Natur zu erleben.

- **Erinnerungen festhalten:**

  o Machen Sie Fotos oder Videos, um die gemeinsamen Erlebnisse festzuhalten.

Gemeinsame Spaziergänge sind eine wertvolle Möglichkeit, Zeit mit Freunden und Familie zu verbringen, die Beziehungen zu stärken und unvergessliche Erinnerungen zu schaffen.

Spaziergruppen und Wandervereine

Spazierengehen und Wandern in der Gemeinschaft bietet zahlreiche Vorteile. Spaziergruppen und Wandervereine sind eine hervorragende Möglichkeit, neue Kontakte zu knüpfen, **die Motivation aufrechtzuerhalten** und die Freude an der Bewegung in der Natur zu teilen.

Spaziergruppen – Gemeinsam aktiv

- **Was sind Spaziergruppen?**

  o Spaziergruppen sind informelle Zusammenschlüsse von Menschen, die sich regelmäßig zum gemeinsamen Spazierengehen treffen.

  o Sie können von Einzelpersonen, Vereinen, Organisationen oder Unternehmen initiiert werden.

- **Vorteile von Spaziergruppen:**

  o **Soziale Kontakte:** Spaziergruppen bieten die Möglichkeit, neue Leute kennenzulernen und Freundschaften zu schließen.

- o **Motivation:** Die gemeinsame Aktivität motiviert, regelmäßig spazieren zu gehen und die eigenen Ziele zu erreichen.

- o **Austausch:** Spaziergruppen bieten die Möglichkeit, sich über Erfahrungen, Tipps und Tricks auszutauschen.

- o **Sicherheit:** In der Gruppe fühlt man sich sicherer, besonders bei Spaziergängen in abgelegenen Gebieten oder in der Dämmerung.

- **Wie finde ich eine Spaziergruppe?**

  - o Suchen Sie im Internet nach Spaziergruppen in Ihrer Nähe.

  - o Fragen Sie bei lokalen Vereinen, Organisationen oder Fitnessstudios nach.

  - o Schauen Sie in sozialen Medien oder auf Online-Plattformen nach.

  - o Gründen Sie Ihre eigene Spaziergruppe und laden Sie Freunde, Nachbarn oder Kollegen ein. Das kann man z.B. über Facebook oder Instagram tun. Oder über das lokale Gratis-Anzeigenblatt.

- **Gestaltung von Spaziergruppen:**

  - o Legen Sie gemeinsam die Häufigkeit, Dauer und den Treffpunkt der Spaziergänge fest.

  - o Wählen Sie abwechslungsreiche Strecken, die für alle Teilnehmer geeignet sind.

  - o Planen Sie regelmäßige Pausen ein, um sich auszutauschen und die Umgebung zu genießen.

- o Organisieren Sie gemeinsame Aktivitäten, wie z. B. Picknicks, Ausflüge oder Themen-Spaziergänge.

Wandervereine – Organisierte Wanderungen und mehr

- **Was sind Wandervereine?**
  - o Wandervereine sind organisierte Zusammenschlüsse von Menschen, die sich dem Wandern und der Natur widmen.
  - o Sie bieten ein breites Spektrum an Aktivitäten, wie z. B. Wanderungen, Ausflüge, Vorträge, Kurse und gesellige Veranstaltungen.

- **Vorteile von Wandervereinen:**
  - o **Organisierte Wanderungen:** Wandervereine bieten ein vielfältiges Angebot an geführten Wanderungen in unterschiedlichen Schwierigkeitsgraden.
  - o **Erfahrene Wanderführer:** Die Wanderungen werden von erfahrenen Wanderführern geleitet, die die Strecken kennen und wertvolle Informationen über die Natur und die Umgebung vermitteln.
  - o **Gemeinschaft:** Wandervereine bieten ein starkes Gemeinschaftsgefühl und die Möglichkeit, Gleichgesinnte kennenzulernen.
  - o **Wissen und Bildung:** Wandervereine bieten Vorträge, Kurse und Exkursionen an, um das

Wissen über Natur, Kultur und Geschichte zu erweitern.

- o **Wegepflege und Naturschutz:** Viele Wandervereine engagieren sich in der Wegepflege und im Naturschutz.

- **Wie finde ich einen Wanderverein?**

  - o Der Deutsche Wanderverband (DWV) ist der Dachverband von rund 70 landesweiten und regionalen Gebirgs- und Wandervereinen. Auf der Internetseite des DWV können sie Vereine in ihrer Region finden.

  - o Suchen Sie im Internet nach Wandervereinen in Ihrer Nähe.

  - o Fragen Sie bei lokalen Tourismusbüros oder Naturschutzorganisationen nach.

- **Aktivitäten von Wandervereinen:**

  - o Geführte Wanderungen in unterschiedlichen Schwierigkeitsgraden.

  - o Mehrtägige Wanderungen und Trekkingtouren.

  - o Themenwanderungen, z. B. Naturwanderungen, Kulturwanderungen oder kulinarische Wanderungen.

  - o Wanderungen für Familien, Kinder oder Senioren.

  - o Vorträge, Kurse und Exkursionen zu Natur- und Umweltthemen.

- Gesellige Veranstaltungen, wie z. B. Wanderstammtische, Grillfeste oder Weihnachtsfeiern.

- Wegepflege und Naturschutzprojekte.

Spaziergruppen und Wandervereine sind eine wertvolle Bereicherung für alle, die gerne in der Gemeinschaft unterwegs sind und die Natur erleben möchten. Allerdings sollte man darauf achten, dass die Menschen auch zusammenpassen. Lauter 75-Jährige werden vermutlich nicht zu Endzwanzigern passen. Manchmal ist es dann einfacher, wenn man selbst eine Gruppe aufmacht.

Vorgegebene Wanderwege und Wandergruppen können auch interessant sein, hier kommt es zum Austausch mit Mit-Spaziergängern oder Wanderern. Routen gibt es zuhauf, auch in Ihrer Nähe. Einfach einmal Frau Google bemühen.

Spazierengehen in der Gemeinschaft ist mehr als nur eine körperliche Aktivität. Es ist eine Möglichkeit, gemeinsame Erlebnisse zu schaffen, die Freude bereiten und die Beziehungen stärken. Die Freude an gemeinsamen Erlebnissen ist ein wichtiger Aspekt des sozialen Wohlbefindens und trägt zu einem erfüllten Leben bei.

Gemeinsame Erlebnisse schaffen Erinnerungen

- **Unvergessliche Momente:**

  - Gemeinsame Spaziergänge bieten die Möglichkeit, unvergessliche Momente zu erleben, die lange in Erinnerung bleiben.

  - Ob man gemeinsam einen Sonnenuntergang beobachtet, eine seltene Pflanze entdeckt oder einfach nur lacht – diese Momente verbinden und schaffen gemeinsame Erinnerungen.

- **Geteilte Freude:**

  - Die Freude an schönen Erlebnissen wird noch größer, wenn man sie mit anderen teilen kann.

  - Gemeinsames Lachen, Staunen oder Entdecken stärkt das Gemeinschaftsgefühl und schafft positive Emotionen.

- **Vielfalt der Erlebnisse:**

  - Gemeinsame Spaziergänge bieten eine Vielzahl von Erlebnissen, die man allein nicht hätte.

- o Ob man neue Orte entdeckt, interessante Geschichten hört oder sich über gemeinsame Interessen austauscht – die Vielfalt der Erlebnisse bereichert das Leben.

Gemeinsame Erlebnisse stärken die Beziehungen

- **Verbundenheit:**
  - o Gemeinsame Erlebnisse stärken die Verbundenheit zwischen Freunden, Familienmitgliedern oder Gruppenmitgliedern.
  - o Die gemeinsame Aktivität und die Gespräche im Freien fördern das Vertrauen und die Nähe.

- **Gemeinschaftsgefühl:**
  - o Gemeinsame Spaziergänge fördern das Gemeinschaftsgefühl und das Gefühl der Zugehörigkeit.
  - o Man fühlt sich als Teil einer Gruppe und erlebt die Unterstützung und den Zusammenhalt der Gemeinschaft.

- **Soziale Interaktion:**
  - o Gemeinsame Spaziergänge bieten die Möglichkeit, soziale Kontakte zu pflegen und neue Kontakte zu knüpfen.
  - o Der Austausch mit anderen Menschen fördert das Wohlbefinden und die Lebensfreude.

Wie man gemeinsame Erlebnisse schafft

- **Gemeinsame Planung:**

- Planen Sie gemeinsame Spaziergänge oder Aktivitäten, die für alle Beteiligten interessant sind.

- Berücksichtigen Sie die Interessen und Fähigkeiten aller Teilnehmer.

- **Abwechslungsreiche Aktivitäten:**

  - Gestalten Sie die Spaziergänge abwechslungsreich mit Spielen, Rätseln, Naturbeobachtungen oder kulturellen Entdeckungen.

  - Planen Sie gemeinsame Pausen ein, um sich auszutauschen und die Umgebung zu genießen.

- **Themen-Spaziergänge:**

  - Organisieren Sie Themen-Spaziergänge, z. B. eine Kräuterwanderung, eine Vogelbeobachtungstour oder eine Stadtrallye.

  - Themen-Spaziergänge bieten die Möglichkeit, neue Dinge zu lernen und gemeinsam zu entdecken.

- **Spontaneität:**

  - Seien Sie spontan und nutzen Sie die Gelegenheit für gemeinsame Spaziergänge, wenn sich die Gelegenheit bietet.

  - Auch kurze Spaziergänge können zu schönen gemeinsamen Erlebnissen werden.

Tipps für gelungene gemeinsame Erlebnisse

- **Offenheit:**

- o Seien Sie offen für neue Erfahrungen und lassen Sie sich auf die gemeinsame Aktivität ein.

- **Achtsamkeit:**

  - o Nehmen Sie sich Zeit, um die gemeinsame Zeit bewusst zu genießen und die Umgebung wahrzunehmen.

- **Humor:**

  - o Bringen Sie Humor mit und lachen Sie gemeinsam.

- **Erinnerungen festhalten:**

  - o Machen Sie Fotos oder Videos, um die gemeinsamen Erlebnisse festzuhalten.

Gemeinsame Spaziergänge sind eine wertvolle Möglichkeit, Freude zu teilen, Beziehungen zu stärken und unvergessliche Erinnerungen zu schaffen.

Kapitel 10: Tipps und Tricks für mehr Motivation

Die schönste Idee und der schönste Gedanke im Leben nützt nichts, wenn man es nicht umsetzt. Manchmal findet man 1000 Ausreden, warum gerade heute kein guter Tag zum Spazierengehen ist:

- Die Arbeit hat länger gedauert
- Man kam später aus dem Büro
- Es könnte regnen
- Es regnet
- Die Nachbarin ist auch nicht gegangen
- Eigentlich nimmt man dadurch eh nicht so viel ab
- Die Schuhe sind noch nass

- Ich bin gestern schon gegangen
- Ich kann später noch gehen
- Etc.

Wem das auch passiert, dem sei die Lektüre der folgenden Punkte empfohlen, um den inneren Schweinehund, der am liebsten Eis essend auf dem Sofa Fernsehen gucken möchte, zu begegnen.

Der Mensch ist versucht, Ausreden zu finden. Ob es kalt ist, regnet oder schneit: Spazieren gehen kann man immer. Immer.

In der Hektik des modernen Lebens kann es eine Herausforderung sein, Zeit für sich selbst und die eigene Gesundheit zu finden. Spazierengehen als tägliche Routine zu etablieren, ist eine einfache und effektive Möglichkeit, Bewegung, Entspannung und Wohlbefinden in den Alltag zu integrieren.

Die Vorteile einer täglichen Spazierroutine

- **Verbesserte körperliche Gesundheit:**

    o   Regelmäßige Spaziergänge stärken das Herz-Kreislauf-System, senken den Blutdruck und verbessern die Durchblutung.

    o   Sie tragen zur Stärkung der Muskeln und Knochen bei und fördern die Beweglichkeit.

    o   Spazierengehen hilft, das Gewicht zu kontrollieren und das Risiko für chronische Erkrankungen wie Diabetes oder Herzerkrankungen zu senken.

- **Gesteigerte mentale Gesundheit:**

    o   Tägliche Spaziergänge reduzieren Stress, Angstzustände und depressive Verstimmungen.

    o   Sie fördern die Ausschüttung von Endorphinen, den sogenannten Glückshormonen, und verbessern die Stimmung.

    o   Spazierengehen hilft, den Geist zu klären, die Konzentration zu verbessern und die Kreativität anzuregen.

- **Mehr Energie und Vitalität:**
  - Regelmäßige Bewegung steigert die Energieproduktion im Körper und verbessert die Schlafqualität.
  - Tägliche Spaziergänge helfen, Müdigkeit zu reduzieren und das allgemeine Wohlbefinden zu steigern.

- **Bessere Work-Life-Balance:**
  - Spazierengehen bietet eine Auszeit vom Alltagsstress und hilft, eine bessere Work-Life-Balance zu finden.
  - Es ermöglicht, Zeit für sich selbst zu nehmen, die Natur zu genießen und neue Energie zu tanken.

- **Einfache Integration in den Alltag:**
  - Spazierengehen ist eine flexible Aktivität, die sich leicht in den Alltag integrieren lässt.
  - Ob morgens vor der Arbeit, in der Mittagspause oder abends nach Feierabend – es gibt immer eine Gelegenheit für einen Spaziergang.

Wie man Spazierengehen zur täglichen Routine macht

- **Feste Zeiten einplanen:**
  - Planen Sie feste Zeiten für Ihre Spaziergänge ein, wie z. B. morgens vor dem Frühstück, in der Mittagspause oder abends nach dem Abendessen.

- o Behandeln Sie Ihre Spaziergänge wie Termine, die Sie nicht verschieben.

- **Kleine Schritte beginnen:**

  - o Beginnen Sie mit kurzen Spaziergängen von 15-30 Minuten und steigern Sie die Dauer allmählich.

  - o Auch kurze Spaziergänge sind besser als keine.

- **Abwechslung schaffen:**

  - o Variieren Sie Ihre Spazierwege, um Abwechslung zu schaffen und die Motivation aufrechtzuerhalten.

  - o Erkunden Sie verschiedene Parks, Wälder oder Stadtteile.

- **Verknüpfung mit anderen Aktivitäten:**

  - o Verknüpfen Sie Ihre Spaziergänge mit anderen Aktivitäten, wie z. B. dem Gang zum Supermarkt, dem Weg zur Arbeit oder dem Besuch von Freunden.

  - o Nutzen Sie jede Gelegenheit, um zu Fuß zu gehen.

- **Belohnungen setzen:**

  - o Belohnen Sie sich für Ihre regelmäßigen Spaziergänge, z. B. mit einem gesunden Snack, einem entspannenden Bad oder einem Ausflug in die Natur.

- **Gemeinschaft suchen:**

- o Gehen Sie mit Freunden, Familie oder Kollegen spazieren, um sich gegenseitig zu motivieren.
- o Treten Sie einer Spaziergruppe oder einem Wanderverein bei.

- **Schlechtes Wetter überwinden:**
  - o Lassen Sie sich nicht von schlechtem Wetter entmutigen.
  - o Ziehen Sie wetterfeste Kleidung an und gehen Sie trotzdem spazieren.

- **Spaß haben:**
  - o Gestalten Sie Ihre Spaziergänge abwechslungsreich und unterhaltsam.
  - o Hören Sie Musik, Podcasts oder Hörbücher, gehen Sie mit Ihrem Hund spazieren oder machen Sie Fotos von Ihrer Umgebung.

Tipps für die Aufrechterhaltung der Routine

- **Realistische Ziele setzen:**
  - o Setzen Sie sich realistische Ziele, die Sie erreichen können.
  - o Überfordern Sie sich nicht und steigern Sie die Intensität und Dauer Ihrer Spaziergänge allmählich.

- **Flexibel bleiben:**
  - o Seien Sie flexibel und passen Sie Ihre Spaziergänge an Ihren Tagesablauf an.

- o Wenn Sie einmal keine Zeit für einen langen Spaziergang haben, machen Sie einen kurzen.

- **Rückschläge akzeptieren:**

  - o Akzeptieren Sie, dass es Tage geben wird, an denen Sie keine Zeit oder Lust zum Spazierengehen haben.

  - o Lassen Sie sich nicht entmutigen und nehmen Sie Ihre Routine am nächsten Tag wieder auf.

- **Routine genießen:**

  - o Sehen Sie Ihre täglichen Spaziergänge nicht als Pflicht, sondern als Gelegenheit, sich etwas Gutes zu tun.

  - o Genießen Sie die Bewegung, die frische Luft und die Natur.

Spazierengehen als tägliche Routine zu etablieren, ist eine Investition in Ihre Gesundheit und Ihr Wohlbefinden. Mit etwas Planung und Disziplin können Sie Spazierengehen zu einem festen Bestandteil Ihres Lebens machen.

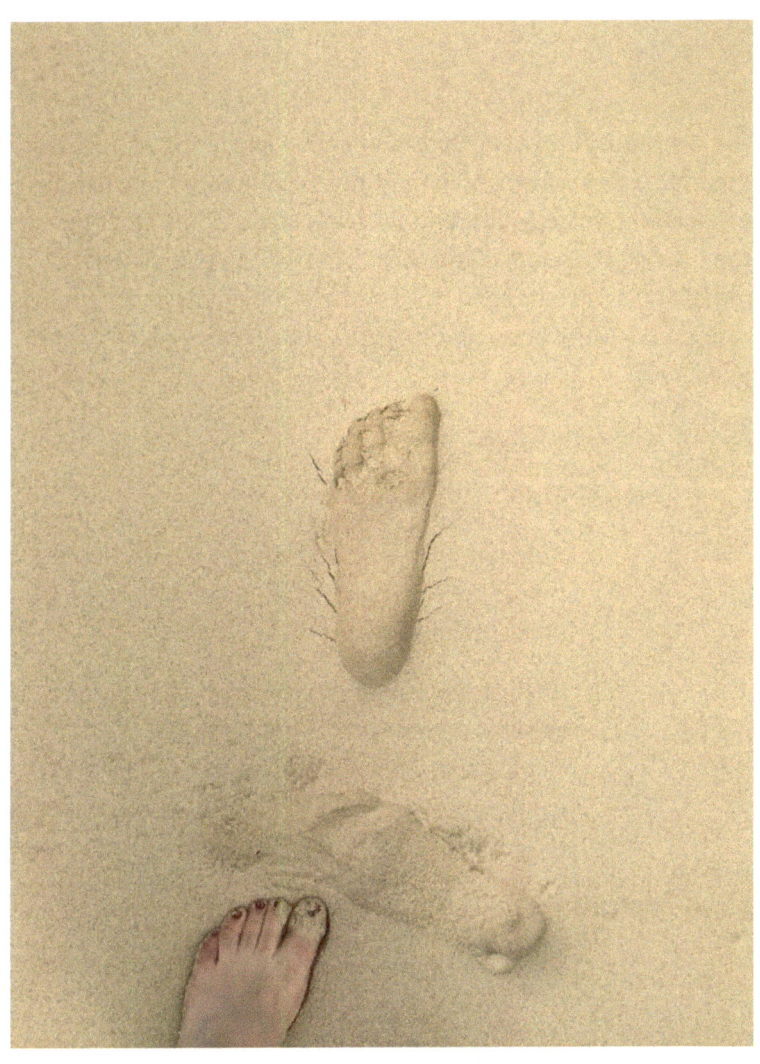

Spazierengehen geht auch im Sommerurlaub. Z.B. auch am Strand und barfuß. Dort hat man Meeresrauschen, Natur und frische Luft auf einmal. Was gibt es Schöneres?

Um die Motivation beim Spazierengehen langfristig aufrechtzuerhalten, ist es wichtig, sich realistische Ziele zu setzen und die erreichten Erfolge gebührend zu feiern. Ziele geben Orientierung, strukturieren den Fortschritt und machen die Aktivität messbar. Das Feiern von Erfolgen stärkt das Selbstvertrauen, steigert die Motivation und sorgt für anhaltende Freude an der Bewegung.

Realistische Ziele setzen

- **SMART-Ziele:**

  - Definieren Sie Ihre Ziele nach der SMART-Methode: spezifisch, messbar, attraktiv, realistisch und terminiert.

  - Anstatt sich vorzunehmen, "mehr spazieren zu gehen", setzen Sie sich konkrete Ziele, wie z. B. "Ich gehe dreimal pro Woche für 30 Minuten spazieren". Oder ich gehe 3x die Woche mindestens 10.000 Schritte.

- **Kurzfristige und langfristige Ziele:**

  - Setzen Sie sich sowohl kurzfristige als auch langfristige Ziele.

  - Kurzfristige Ziele, wie z. B. "Ich gehe heute Abend spazieren", helfen, die tägliche Motivation aufrechtzuerhalten.

  - Langfristige Ziele, wie z. B. "Ich wandere in einem Jahr 10 Kilometer am Stück", geben eine langfristige Perspektive.

- **Individuelle Ziele:**

    o Setzen Sie sich Ziele, die zu Ihren persönlichen Bedürfnissen und Fähigkeiten passen.

    o Berücksichtigen Sie Ihren Fitnesslevel, Ihre zeitlichen Ressourcen und Ihre Vorlieben.

- **Beispiele für Ziele:**

    o "Ich gehe jeden Tag in meiner Mittagspause 15 Minuten spazieren."

    o "Ich steigere meine durchschnittliche Schrittzahl pro Woche um 10 %."

    o "Ich erkunde jeden Monat einen neuen Spazierweg in meiner Umgebung."

    o "Ich nehme an einem geführten Spaziergang teil."

    o "Ich gehe mit meiner Familie jedes Wochenende spazieren."

Erfolge feiern

- **Kleine Erfolge würdigen:**

    o Feiern Sie auch kleine Erfolge, wie z. B. das Erreichen eines Tagesziels oder das Überwinden eines Tiefs.

    o Jeder Schritt zählt und verdient Anerkennung.

- **Belohnungen:**

    o Belohnen Sie sich für das Erreichen von Zielen, z. B. mit einem gesunden Snack, einem neuen Paar Schuhe oder einem Ausflug in die Natur.

- Die Belohnung sollte im Zusammenhang mit dem Spazierengehen stehen und die Motivation weiter steigern.

- **Dokumentation:**

  - Dokumentieren Sie Ihre Fortschritte, z. B. in einem Tagebuch, einer App oder einem Fitness-Tracker.

  - Das Festhalten von Erfolgen macht den Fortschritt sichtbar und motiviert, weiterzumachen.

- **Teilen von Erfolgen:**

  - Teilen Sie Ihre Erfolge mit Freunden, Familie oder in sozialen Medien.

  - Das Teilen von Erfolgen stärkt das Gemeinschaftsgefühl und motiviert andere, ebenfalls aktiv zu werden.

- **Anpassung der Ziele:**

  - Passen Sie Ihre Ziele regelmäßig an, um sich neuen Herausforderungen zu stellen und die Motivation aufrechtzuerhalten.

  - Seien Sie flexibel und passen Sie Ihre Ziele an veränderte Lebensumstände an.

Tipps für eine erfolgreiche Zielerreichung

- **Visualisierung:**

  - Visualisieren Sie Ihre Ziele und stellen Sie sich vor, wie Sie diese erreichen.

- Die Visualisierung hilft, die Motivation aufrecht-zuerhalten und den Fokus auf das Ziel zu richten.

- **Positive Einstellung:**

  - Gehen Sie mit einer positiven Einstellung an Ihre Ziele heran.

  - Glauben Sie an sich selbst und Ihre Fähigkeit, Ihre Ziele zu erreichen.

- **Flexibilität:**

  - Seien Sie flexibel und passen Sie Ihre Ziele an unvorhergesehene Ereignisse an.

  - Rückschläge sind normal und sollten nicht entmutigen.

- **Unterstützung suchen:**

  - Suchen Sie Unterstützung bei Freunden, Familie oder in Spaziergruppen.

  - Gemeinsam erreicht man Ziele leichter.

Ziele setzen und Erfolge feiern sind wichtige Bestandteile einer erfolgreichen Spazierroutine. Sie helfen, die Motivation aufrechtzuerhalten, den Fortschritt zu messen und die Freude an der Bewegung langfristig zu bewahren.

Spazierengehen ist weit mehr als nur eine gesundheitsfördernde Aktivität. Es kann eine Quelle des puren Genusses und Vergnügens sein, ein Moment der Entspannung und des bewussten Erlebens. Wenn wir uns erlauben, den Spaziergang als Genuss zu betrachten, öffnen wir uns für eine Welt voller positiver Erfahrungen und Sinnesfreuden. Betrachten Sie das Spazierengehen nicht als lästige Pflicht, sondern als Erholung, Genuss und Vergnügen, was Sie sich nach einem Arbeitstag einfach gönnen. Diese Perspektive macht die vielleicht ansonsten lästige Pflicht zum Vergnügen.

Die Sinnesfreuden des Spazierengehens

- **Visuelle Eindrücke:**

    - Die Natur bietet ein Kaleidoskop an Farben, Formen und Lichtspielen.

    - Beobachten Sie die wechselnden Jahreszeiten, die blühenden Blumen, die majestätischen Bäume oder die faszinierenden Wolkenformationen.

    - Auch in der Stadt gibt es viel zu entdecken: architektonische Meisterwerke, lebendige Straßenkunst oder das bunte Treiben auf einem Markt.

- **Auditive Reize:**

    - Lauschen Sie den Klängen der Natur: das Zwitschern der Vögel, das Rauschen des Windes, das Plätschern eines Baches oder das Summen der Insekten.

- - In der Stadt können Sie das lebhafte Treiben, das Rauschen des Verkehrs oder die Klänge von Straßenmusikern genießen.

- **Olfaktorische Genüsse:**

  - Atmen Sie die frische Luft ein und nehmen Sie die Düfte der Natur wahr: den Duft von blühenden Blumen, frisch gemähtem Gras, feuchter Erde oder dem Meer.

  - Auch in der Stadt gibt es olfaktorische Genüsse: den Duft von frisch gebackenem Brot, exotischen Gewürzen oder duftenden Blumenmärkten.

- **Taktile Erfahrungen:**

  - Spüren Sie die Wärme der Sonne auf Ihrer Haut, den Wind im Gesicht oder die unterschiedlichen Texturen unter Ihren Füßen: weiches Gras, raue Steine oder kühles Wasser.

  - Die taktile Wahrnehmung intensiviert das Erleben des Moments.

Spazierengehen als Quelle der Entspannung

- **Entschleunigung:**

  - Beim Spazierengehen können wir dem hektischen Alltag entfliehen und uns Zeit für uns selbst nehmen.

  - Die rhythmische Bewegung und die frische Luft wirken beruhigend auf Körper und Geist.

- **Achtsamkeit:**

- Spazierengehen bietet die Möglichkeit, Achtsamkeit zu üben und den Moment bewusst wahrzunehmen.

- Konzentrieren Sie sich auf Ihre Sinne, Ihre Atmung und Ihre Umgebung.

- **Stressabbau:**

  - Regelmäßige Spaziergänge reduzieren Stresshormone und fördern die Ausschüttung von Entspannungshormonen.

  - Die Bewegung in der Natur wirkt besonders beruhigend und hilft, innere Ruhe zu finden.

Spazierengehen als soziale Aktivität

- **Gemeinsame Erlebnisse:**

  - Spaziergänge mit Freunden, Familie oder dem Partner können zu gemeinsamen Erlebnissen werden, die Freude bereiten und die Beziehungen stärken.

  - Lachen Sie gemeinsam, tauschen Sie sich aus und genießen Sie die gemeinsame Zeit.

- **Neue Kontakte:**

  - Treten Sie einer Spaziergruppe bei oder nehmen Sie an geführten Spaziergängen teil, um neue Leute kennenzulernen.

  - Gemeinsame Interessen verbinden und schaffen neue Freundschaften.

Tipps für genussvolle Spaziergänge

- **Wählen Sie eine angenehme Umgebung:**

  - Suchen Sie sich Spazierwege, die Ihnen gefallen und die Sie inspirieren.

- **Gehen Sie in Ihrem eigenen Tempo:**

  - Lassen Sie sich Zeit und genießen Sie den Moment.

- **Nehmen Sie sich Zeit für Pausen:**

  - Machen Sie Pausen, um die Umgebung zu genießen, Fotos zu machen oder einfach nur innezuhalten.

- **Seien Sie offen für neue Erfahrungen:**

  - Probieren Sie neue Spazierwege aus, entdecken Sie unbekannte Orte oder nehmen Sie an geführten Spaziergängen teil.

- **Teilen Sie Ihre Erlebnisse:**

  - Erzählen Sie Ihren Freunden und Familie von Ihren schönen Spaziergängen oder teilen Sie Ihre Fotos in sozialen Medien.

Spazierengehen als Genuss und Vergnügen zu betrachten, bedeutet, sich auf die positiven Aspekte dieser Aktivität zu konzentrieren und die Freude an der Bewegung, der Natur und der Gemeinschaft zu entdecken.

Ein Weg zu ganzheitlichem Wohlbefinden

Dieses Buch hat gezeigt, dass Spazierengehen weit mehr ist als nur eine einfache Form der Bewegung. Es ist ein ganzheitlicher Ansatz für körperliche und geistige Gesundheit, der in den Alltag integriert werden kann und für jeden zugänglich ist.

Körperliche Vorteile:

- Spazierengehen **stärkt das Herz-Kreislauf-System, verbessert die Durchblutung und senkt den Blutdruck.**

- **Es trägt zur Stärkung von Muskeln und Knochen bei,** fördert die Beweglichkeit und hilft, das Gewicht zu kontrollieren.

- Regelmäßige Spaziergänge **können das Risiko für chronische Erkrankungen wie Diabetes, Herzerkrankungen und Osteoporose reduzieren.**

- Die frische Luft und das Sonnenlicht, die wir beim Spazierengehen genießen, haben zusätzliche positive Auswirkungen auf unsere Gesundheit.

Mentale Vorteile:

- **Spazierengehen reduziert Stress, Angstzustände und depressive Verstimmungen.**

- **Es fördert die Ausschüttung von Endorphinen, den Glückshormonen, und verbessert die Stimmung.**

- Die Bewegung in der Natur wirkt beruhigend und hilft, den Geist zu klären und die Konzentration zu verbessern.

- Spazierengehen kann die Kreativität anregen und neue Perspektiven eröffnen.

- Achtsamkeit und Entschleunigung, die beim Spazierengehen geübt werden können, tragen zu einem bewussteren und erfüllteren Leben bei.

Praktische Umsetzung:

- Spazierengehen lässt sich leicht in den Alltag integrieren, ob in der Stadt, im Park oder in der Natur.

- Die richtige Ausrüstung, bequeme Schuhe und wetterangepasste Kleidung, ist wichtig für einen angenehmen Spaziergang.

- Spaziergänge mit Freunden und Familie stärken die Beziehungen und schaffen gemeinsame Erlebnisse.

- Spaziergruppen und Wandervereine bieten die Möglichkeit, neue Kontakte zu knüpfen und die Motivation aufrechtzuerhalten.

- Ziele setzen und Erfolge feiern helfen, die Spazierroutine langfristig beizubehalten.

- Spazierengehen sollte als Genuss und Vergnügen betrachtet werden, eine Zeit der Entspannung und des bewussten Erlebens.

Ein Aufruf zur Bewegung:

Lassen Sie uns gemeinsam die Schuhe schnüren, die Tür öffnen und uns auf den Weg machen. Jeder Schritt ist ein Schritt zu mehr Gesundheit, Glück und Wohlbefinden. Spazierengehen ist eine einfache, aber kraftvolle Möglichkeit, das Leben in vollen Zügen zu genießen.

Danke:

Ich danke meinem Mann, mit dem ich nunmehr 25 Jahre glücklich zusammen bin, dafür, dass er mich beim Verfassen des Buchs unterstützt hat. Er hat das Buch nach meinen Gedanken und meinem Input niedergeschrieben. Ich danke ihm auch dafür, dass wir schon sehr viele gemeinsame schöne Spaziergänge durch die Natur oder auch Städte erleben durften und er mir andererseits auch die Zeit und Freiheit lässt, Spaziergänge mit Freundinnen zu absolvieren, wenn mir danach ist.

Ob im Urlaub oder nach der Arbeit: Oft geht er mit mir spazieren. Auch, wenn er noch manchmal Ausflüchte sucht, müde ist oder meint, keine Zeit zu haben. Schlussendlich tut es ihm auch gut, wie er selbst einräumt.

Studien zum Spazierengehen:

1. Auswirkungen auf die kardiovaskuläre Gesundheit:

- Eine Studie im „Journal of the American College of Cardiology" zeigte, dass regelmäßiges Gehen das Risiko für Herz-Kreislauf-Erkrankungen signifikant reduziert.

  o Quelle: Lee, I. M., Shiroma, E. J., Lobelo, F., Puska, P., Blair, S. N., & Katzmarzyk, P. T. (2012). Impact of physical inactivity on major non-communicable diseases worldwide: an analysis of burden of disease studies. The Lancet, 380(9838), 219-229.

- Eine andere Studie belegte, dass tägliches Spazierengehen den Blutdruck senken und die Herzgesundheit verbessern kann.

  o Quelle: Murtagh, E. M., Murphy, M. H., & Donnelly, A. E. (2010). Perceptions of walking for exercise in adults: a meta-synthesis of qualitative studies. Preventive medicine, 50(3), 377-386.

2. Auswirkungen auf die psychische Gesundheit:

- Eine Studie im „British Journal of Sports Medicine" fand heraus, dass Spaziergänge in der Natur die Stimmung verbessern und Stress reduzieren können.

  o Quelle: Bratman, G. N., Hamilton, J. P., Hahn, B. A., Daily, S. C., & Gross, J. J. (2015). Nature experience reduces rumination and subgenual prefrontal cortex activation. Proceedings of the

National Academy of Sciences, 112(31), 8567-8572.

- Forschungen haben auch gezeigt, dass regelmäßige Spaziergänge Symptome von Depressionen und Angstzuständen lindern können.

  o Quelle: Rethorst, C. D., Trivedi, M. H., & Greer, T. L. (2009). Late-life depression: a review. Journal of geriatric psychiatry and neurology, 22(3), 174-190.

3. Auswirkungen auf die kognitive Funktion:

- Eine Studie in „Neurology" zeigte, dass regelmäßiges Gehen das Risiko für kognitiven Abbau im Alter reduzieren kann.

  o Quelle: Erickson, K. I., Voss, M. W., Prakash, R. S., Basak, C., Szabo, A., Chaddock, L., ... & Kramer, A. F. (2011). Exercise training increases size of hippocampus and improves memory. Proceedings of the National Academy of Sciences, 108(7), 3017-3022.

- Forschungen haben ergeben, dass Spaziergänge die Kreativität und das Problemlösungsvermögen verbessern können.

  o Quelle: Oppezzo, M., & Schwartz, D. L. (2014). Give your ideas some legs: The positive effect of walking on creative thinking. Journal of experimental psychology: learning, memory, and cognition, 40(4), 1142.

4. Auswirkungen auf den Stoffwechsel:

- Studien haben gezeigt, dass regelmäßiges Gehen zur Gewichtskontrolle beitragen und das Risiko für Typ-2-Diabetes senken kann.
  - Quelle: Colberg, S. R., Sigal, R. J., Yardley, J. E., Riddell, M. C., Dunstan, D. W., Dempsey, P. C., ... & Tate, D. F. (2016). Physical activity/exercise and diabetes: a position statement of the American Diabetes Association. Diabetes care, 39(11), 2065-2079.
- Spaziergänge können den Stoffwechsel ankurbeln und die Fettverbrennung fördern.
  - Quelle: Church, T. S., Blair, S. N., Cocreham, S., Johannsen, N., Kramer, K., Mikus, C. R., ... & Earnest, C. P. (2010). Effects of aerobic and resistance training on hemoglobin A1c levels in patients with type 2 diabetes: a randomized controlled trial. Jama, 304(20), 2253-2262.

5. Auswirkungen auf das Immunsystem:

- Forschungen haben gezeigt, dass regelmäßige moderate Bewegung, wie Spazierengehen, das Immunsystem stärken und das Risiko für Infektionen reduzieren kann.
  - Quelle: Nieman, D. C. (1997). Exercise immunology: practical applications. Sports medicine, 23(2), 73-108.
- Studien haben ergeben, dass Spaziergänge in der Natur die Aktivität der natürlichen Killerzellen erhöhen können, die eine wichtige Rolle im Immunsystem spielen.
  - Quelle: Li, Q. (2010). Effect of forest bathing trips on human immune function.

Environmental health and preventive medicine, 15(1), 9-17.[1]